アジア発酵紀行

FERMENTATION TOURISM ASIA

小倉ヒラク

OGURA HIRAKU

文藝春秋

チベット族・シャングリラ

リス族の村

ナシ族・リージャン

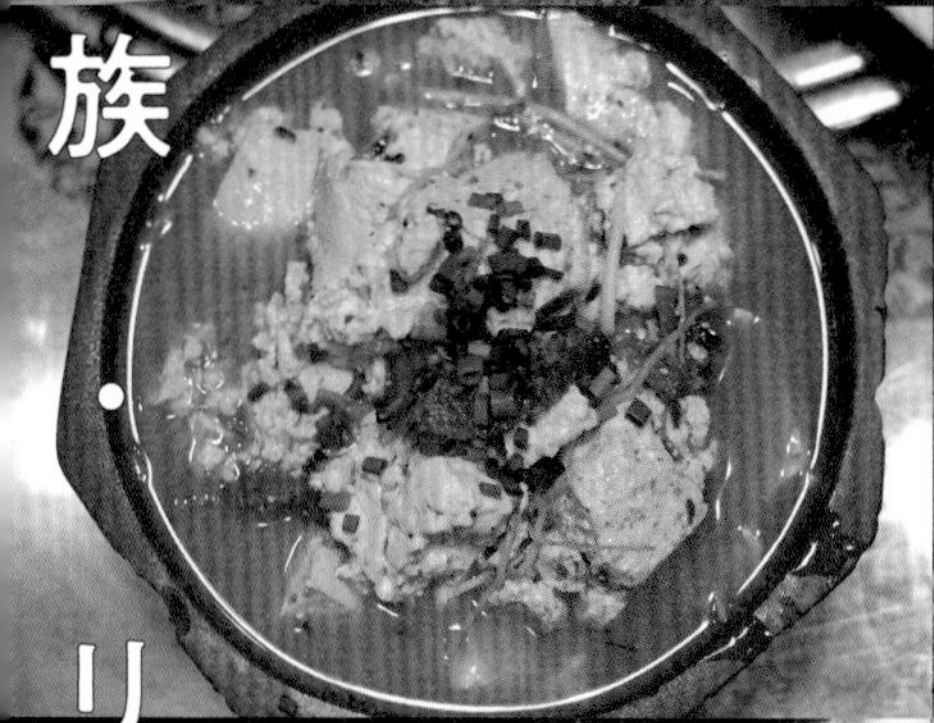

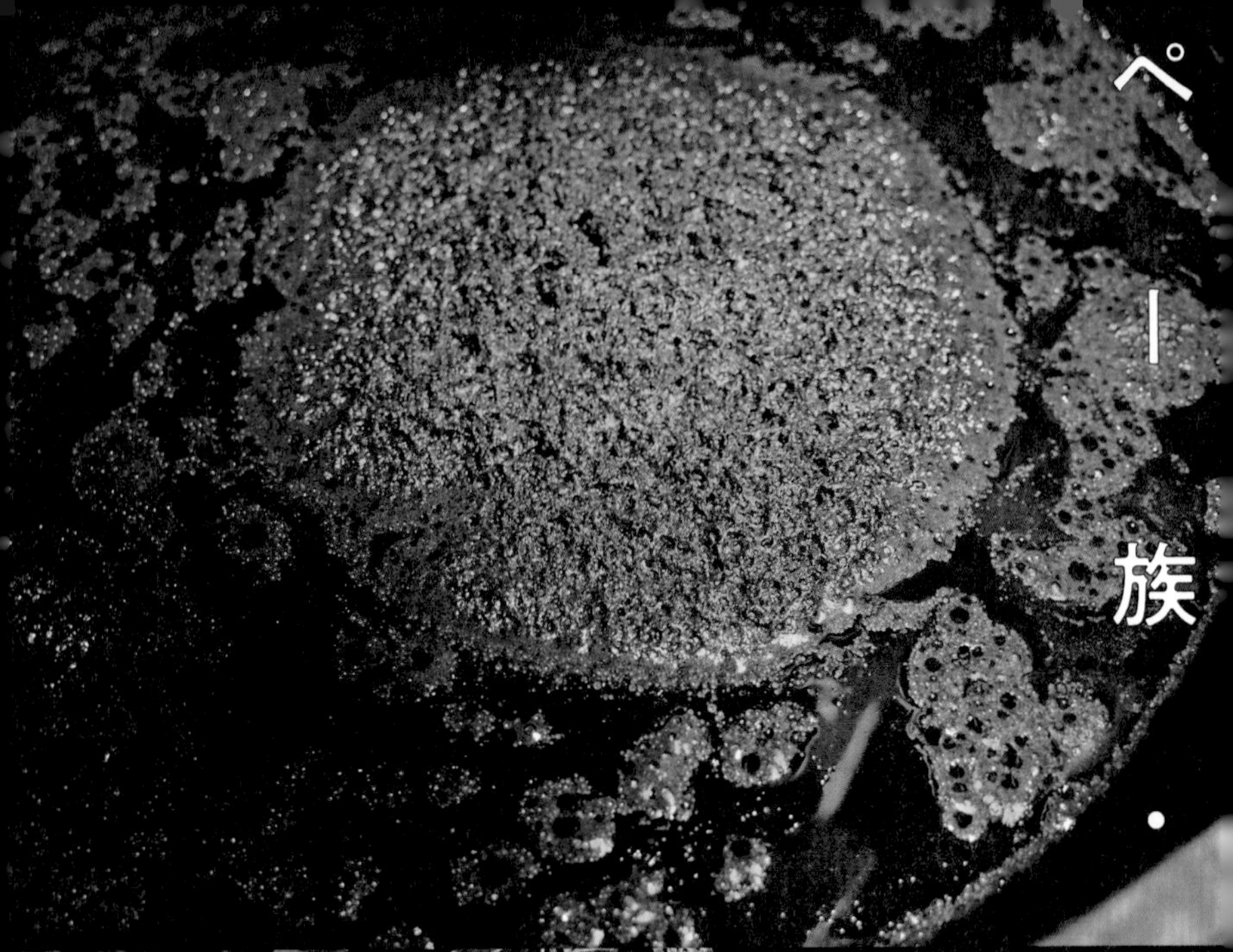

ペー族・ダーリー

ミャンマー国境シーサンパンナ

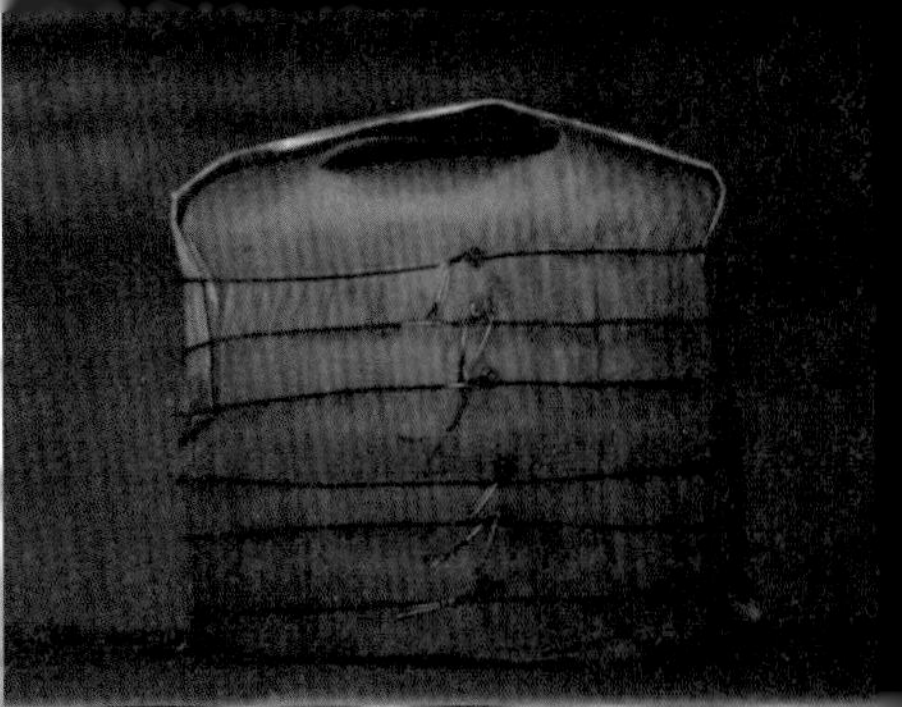
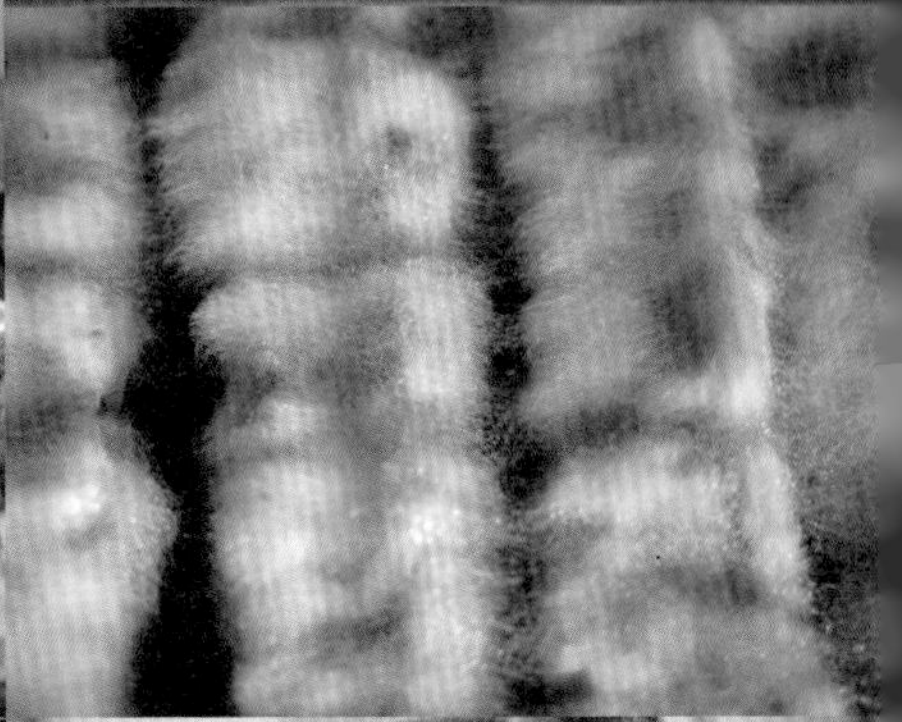

カトマンズ・パタン

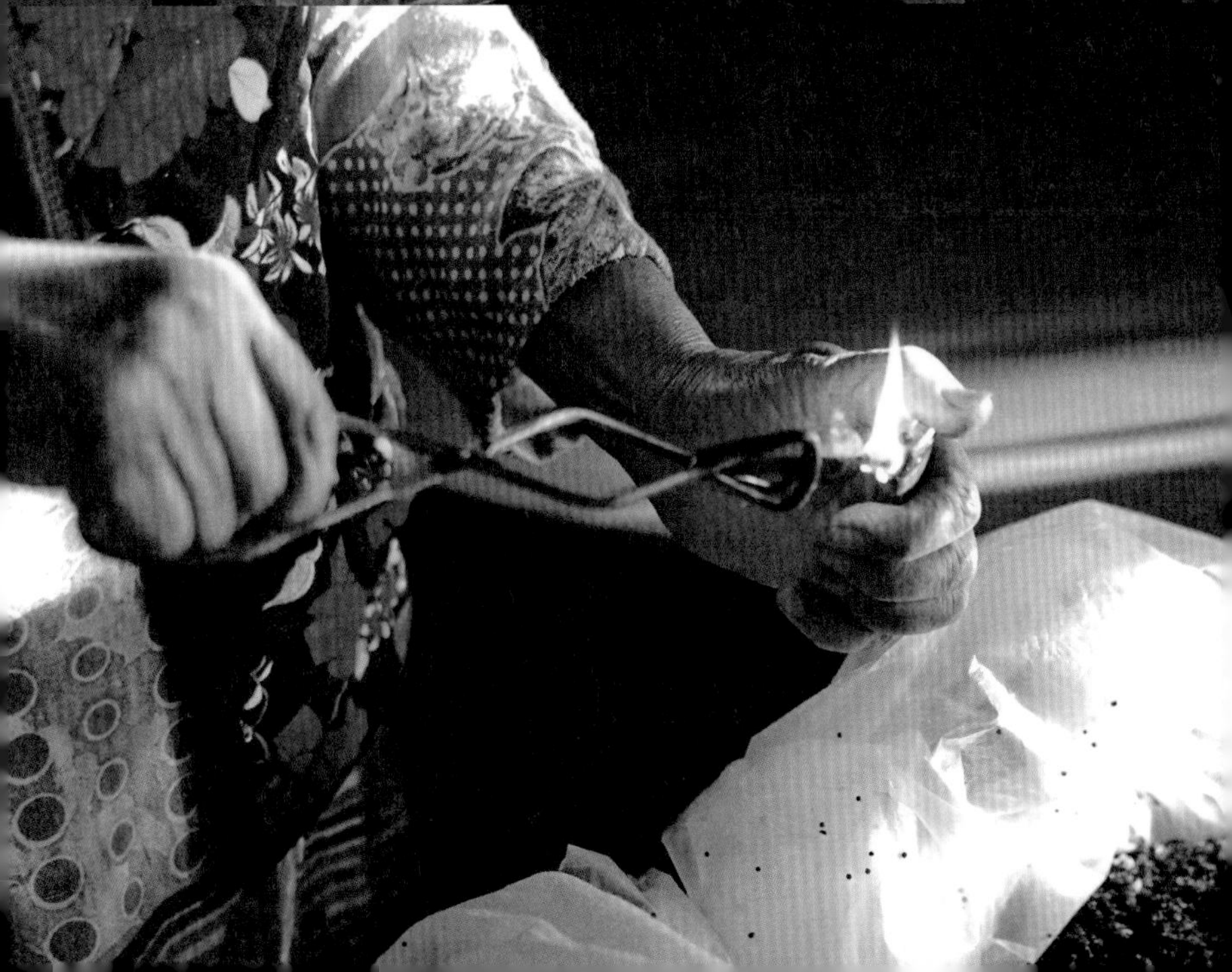

コルカタ

নিমাতা
মঙ্গল সরদার
7063122097
GOOD LUCK

マニプル

〈アジア発酵街道〉地図

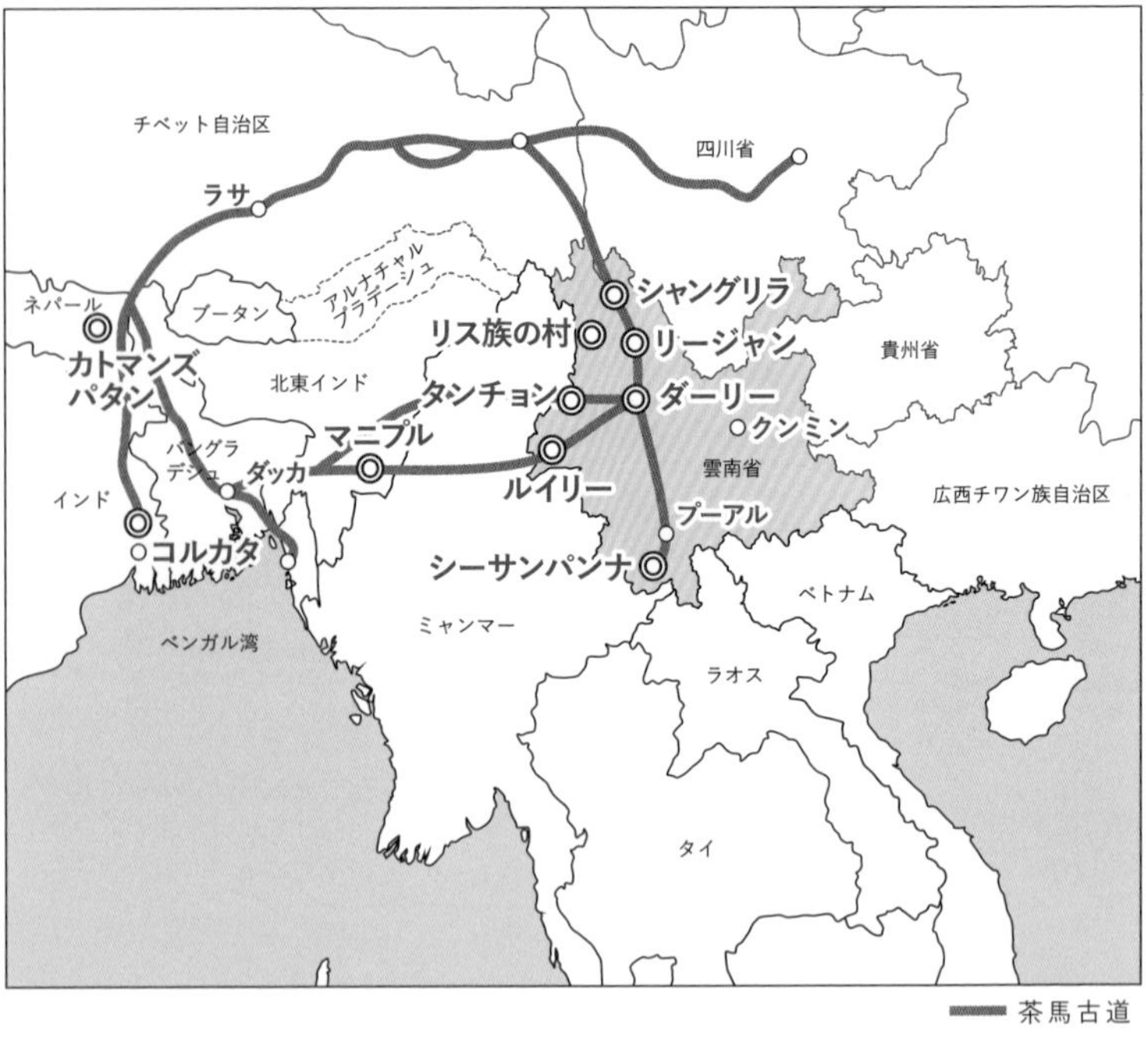

チベット自治区
四川省
ラサ
アルナチャル
プラデーシュ
ネパール
ブータン
シャングリラ
リス族の村
リージャン
貴州省
カトマンズ
パタン
北東インド
タシチョン
ダーリー
クンミン
マニプル
バングラ
デシュ
ダッカ
ルイリー
雲南省
インド
プーアル
広西チワン族自治区
コルカタ
シーサンパンナ
ベトナム
ミャンマー
ベンガル湾
ラオス
タイ
茶馬古道

まえがき

発酵はアナーキーだ。

微生物という目に見えない自然がつくり出す、人間の予想もつかない働き。酵母は光合成も酸素の呼吸も必要とせずに、人を酔わせるアルコールやかぐわしい香りを生み出す。栄養が豊富にあれば一日で数億倍以上に増殖する。人間の常識の通用しない小さくて強力なアナーキストである。

発酵はサバイバルの知恵でもある。微生物の働きを利用して、人類は長い歴史を生き延びてきた。とりわけ外界から隔絶された過酷な環境ほど、発酵のもたらす物質の保存作用や化学変化のコントロールが生存のキーポイントになってきた。

隔離された環境で培われたサバイバル技術が、数百年の時間軸で蓄積することで、現代文明の価値観を覆《くつがえ》すアナーキーな域に昇華する。僕はそこに人類の文化のしたたかさを見る。

僕がバックパックをかついで旅を始めたのは、18歳の頃。退屈を持て余して巡ったアジアの国々は、僕の待ち望んでいた、度を超えた極端さを教えてくれた。

食でいえば、人生初のバックパッカー旅で食べたタイの料理。本格的なスパイス料理に触れる機会のなかった日本人には涙が出るほどの辛さのグリーンカレー、酸っぱさのトムヤムクン。おっかなびっくり食べた、台湾の屋台街で50m先から臭う、鼻が麻痺するほどの臭豆腐の匂い。ベトナムでできた友人の家で囲んだ、ハーブやフルーツをあしらった目がチカチカするほどカラフルな食卓。

大学の先輩から教わったビールやカクテルにようやく慣れた頃に、デザイン会社のバイトで上海にしばらく滞在したことがあった。その日の仕事が終わると、現地の会社の人が飲み会に誘ってくれる。そこで始まるのが、白酒《パイチュウ》という中国焼酎のエンドレス飲み比べ。アルコール度数50度を超える酒を杯になみなみ注いで「カンペイ！」の掛け声とともに一息で飲み干す。日本から渡ったチームは下戸ばかりだったので、僕がチームを代表して飲み比べに臨み、飲み干すほどに喉が焼け付くような強烈なアルコールの妙味をこれでもか！　と味わうことになった。何度か乾杯を繰り返し、中国側の酒飲みががっくり崩れ落ちると拍手が上がる。ビジネスの接待の場では、飲み比べに勝利したほうが有利な条件で仕事を進められる習わしだと聞く。そうか、中国では酒に強いこともビジネスマンの条件なのか、とホテルに帰ってビールを飲み直しながら妙に感心した覚えがある。

食でも仕事でも人間関係でも、日本は「ほどほど」の心地よさを大事にする。適度に品よく、後を引かず、あっさりと。しかし大陸アジアでは、裸のままの感覚が真正面からぶつかってくる。しかも場の文脈を無視して、当て逃げのように。

文脈を共有できないままぶつかり合う価値観のなかで生きるアナーキーなたくましさ。アジアの旅で僕が魅了されたのは「ほどほど」の枠の外で生きる痛快さだ。

僕の人生の分岐点にはいつもアジアがある。

教室の空気になじめなかった高校時代、一番の仲良しだったのは中国の男の子だった。彼の家は文化大革命の混乱のさなかで日本に渡ってきた。お父さんは焼き鳥に使う竹串を製造する会社を経営していた。当時の僕の幼稚な経営者像といえば、自動車やコンピューター、有名ブランドのアパレルや食品の会社をやっているきらびやかな実業家。えっ、竹串？　と思ったが、よく考えてみれば日本中の焼き鳥屋さんが毎日使うであろう竹串の膨大さを想像してみるに、それが立派なビジネスであることがわかる。

誰もが見向きもしないものに、価値を見出す。みんなが知っているカッコよさのなかで一番を競うゲームから降りて、ニッチを極めることでどんな環境でも生き延びるしたたかさ。僕もいつか、自分なりの竹串を見つけたい——中国のお父さんの生き様から学んだ「サバイバル竹串理論」が、僕の未来を生きる拠りどころになってきた。

大学を卒業すると、僕は気ままに旅することをいったんやめて、東京でデザイナーとして生計を立てることになった。自分で仕事をつくっていく面白さもあったし、東京らしい華やかさもあった。しかしそれはみんなが目指すカッコよさのゲームであり、竹串ではなかった。毎日遅くまで働いて、深夜まで業界の集まりで飲み歩いて……という日々を繰り返すうちに生来弱かった身体を壊し、喘息《ぜんそく》やアトピーがぶり返して寝込むようになってしまった。

そんな折に、偶然会社の同僚だった味噌蔵の娘の導きで、僕は発酵の道に足を踏み入れることになった。無頓着だった食生活を改めて、味噌汁や漬物を食べる習慣をつけたら崩れた体調が整っていった。そこから発酵に興味を持ち、自分でも味噌や麹を仕込んだり、同僚の味噌蔵を訪ねるうちに微生物と人間の交わる世界の面白さにのめり込んでいった。

今のように発酵が社会のトレンドになるずっと前のことだ。それは「みんなのカッコよさ」ではなかったが、東京の都市生活の価値観に一石を投じるような、奥を覗いてみたくなるようなかぐわしい匂いがあった。

これだ。これこそが僕の竹串だ！

そう直感して、僕はデザイナーの仕事をドロップアウトし、東京農業大学の研究生として醸造と微生物学を学び始めた。そして発酵の世界に入るきっかけをつくってくれた味噌蔵のある山梨に引っ越して、微生物の世界で生きることを決めた。

東京のデザイン業界の仲間たちにそのことを告げると、みんな一様に不可解な顔をした。同世代ではけっこういい線いっていたのに、食っていけるのか？　そう言われても僕には不安はなかった。その不可解な顔こそが「僕の竹串」である証なのだから。

発酵に関わる仕事をすると決めてから、東京農大の先生たちの調査を手伝って地方に行くことが多くなった。最初は醬油や味噌、日本酒などスタンダードな醸造蔵を訪れていたが、大学での勉強が終わって自分で仕事をするようになってからは、大学の研究予算がつかないような地方の知られざるローカル発酵食の現場を巡るようになった。20代前半のバックパッカー旅の要領で辺境へ辺境へと行くうち、人口数百人の離島や人里離れた山村に、奇想天外な発酵文化がひっそりと継承されていることを知った。現地で手作りしている人にその成り立ちを聞いてみたところ、海の外のアジアの国々とのつながりが出てくることに驚くことがたびたびあった。山の中の発酵茶が、東南アジアの茶の起源を。島の織物が、ミクロネシアの染色技術の起源を宿している。

現代生活から隔絶された日本の辺境で、かつて僕を魅了したアジアのアナーキーさに再び出会ったのだ。僻地で生まれたサバイバルの知恵が、その土地ならではの価値の多様性を生み出していく。そしてそれははるか海の向こうの文化とつながっている——。

ある日、奄美の島海を眺めている時、僕はアジアの発酵を巡る旅に出ることを決めた。日本の発酵食のルーツと、自分の内に流れるアナーキーさの源流をつきとめるために。

アジア発酵紀行　目次

第2章：リス族とフリーダムアジア麹

第3章：アジアのローカル豪族を訪ねて

第4章：国境の発酵カルチャー

第5章：マーパンと茶の国際シンジケート

第Ⅱ部

幻の糀村へ

ネパールからインド

第8章：インド最果てのアナーキー糀一族

アジア発酵紀行

初出：「オール讀物」２０２０年7月号、12月号、２０２１年
３・４月合併号、12月号、２０２３年５月号
単行本化にあたり大幅な加筆・修正を行っています。
7章、8章　書き下ろし

第Ⅰ部

茶馬古道の旅へ

――チベットから雲南

雲南省地図

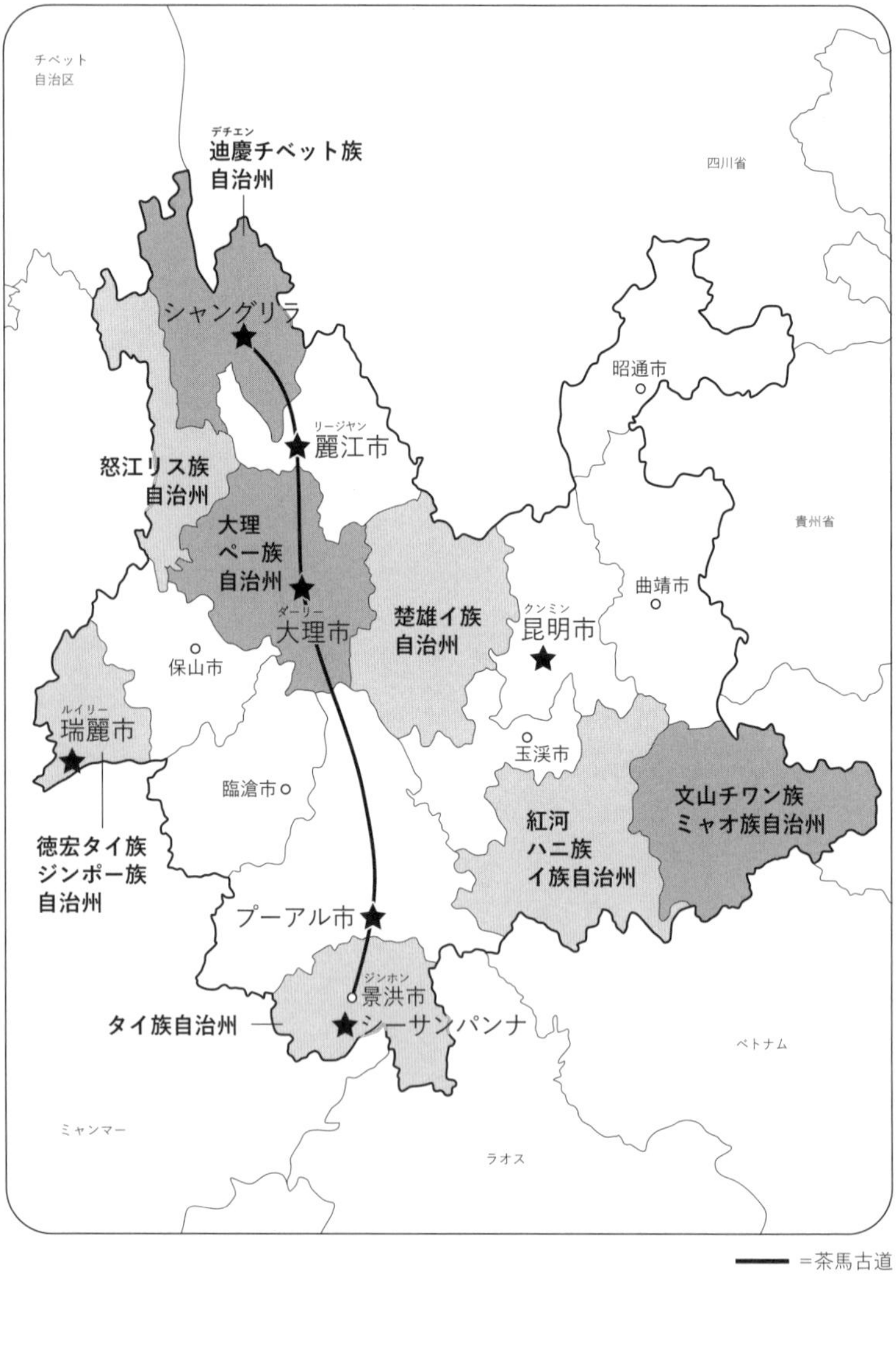

チベット自治区
迪慶《デチエン》チベット族自治州
四川省
シャングリラ
麗江市《リージャン》
怒江リス族自治州
大理ペー族自治州
昭通市
貴州省
曲靖市
大理市《ダーリー》
楚雄イ族自治州
昆明市《クンミン》
保山市
瑞麗市《ルイリー》
玉渓市
臨滄市
文山チワン族ミャオ族自治州
紅河ハニ族イ族自治州
徳宏タイ族ジンポー族自治州
プーアル市
景洪市《ジンホン》
タイ族自治州
シーサンパンナ
ベトナム
ミャンマー
ラオス

━ =茶馬古道

第1章：茶馬古道の味噌汁茶

南から北へ。谷底から山頂へ。熱帯ジャングルから寒風吹きすさぶ荒野へ。
中国雲南省の西部を縦断する、茶によって結ばれた交易ルートがある。ミャンマー国境近くの熱帯、シーサンパンナからチベットのラサへと抜ける茶馬古道《ちゃばこどう》。急峻な尾根の崖沿いに人がひとり通れるかどうか、今にも崩れてしまいそうなか細い道が見える。かつてこの道を、微生物によって発酵した特異な茶を積んだキャラバンがおよそ３０００kmに渡って旅したという。

それは、南国の恵みを、不毛の高地に届けるはるかな旅路だ。山を越えるごとに異なる民族たちがバトンリレーしながら北へ北へと茶葉を運んでいく。目的地に運ばれるあいだ、付着したカビや乳酸菌などの微生物が静かに増殖を続け、茶葉のなかに栄養素を蓄積していく。その栄養素が高地の民族の生きる糧となった。

山の尾根を走る一筋の道に目を凝らしてみれば、そこには積荷を乗せて歩く在りし日の馬の隊列が見えてくる。山裾を吹き抜ける風に耳を澄ませてみる。チリンと馬の首に結わえられた鈴の音が聴こえてくる。茶馬古道に吹く風は、目に見えない微生物たちを運ぶ、発酵の道なのだ。

発酵からアジア文化の起源をたどる

米に花が咲くと書いて、糀《こうじ》。

甘酒や味噌をつくる、カビを使った米の発酵の素（スターター）である。この「糀」という漢字は日本でできた漢字で、漢字の本家中国では通じない。中国では米でなく麦をあしらった「麹」の字が発酵の素を指す。この漢字の違いをもって、日本の食文化の独自性は「米の発酵」であるとされている。

しかし本当にそうなのだろうか？　日本は大陸から切り離された孤児《みなしご》なのではなく、海の向こうにも「糀」文化の兄妹《きょうだい》がいるのではないだろうか？

発酵の専門家として仕事をしていると、メディアの取材や講演の場でひんぱんに、「日本の発酵は他の国にはないユニークな文化。日本は世界一の発酵大国ですね？」と聞かれたりする。「その通り！」とお答えしたいところだが、残念ながら答えはＮＯ。

日本の発酵文化は我が国オリジナルのものではなく、アジア各地から伝わった食文化が日本の気候風土や信仰、習俗にあわせてローカライズされて今のカタチになったもののようだ。

日本は発酵の「祖」ではなく、中国やインドはじめ大陸文化の「子」なのだね。

デザイナー原研哉さんの著作『デザインのデザイン』で、ユーラシア大陸の文化をパチンコ台に見立てるエピソードがある（正確には高野孟《はじめ》の説の引用）。曰く、ユーラシア大陸を90度回転させるとパチンコ台のカタチになる。すると日本列島はパチンコ玉が最後に落ちてくる穴の位置に相当する。つまり日本はアジアはじめユーラシア大陸の文化が集まってきて最後に落っこちる文化の穴のような存在であると。

これは僕の専門としている発酵にも言えることではないか？　和食でおなじみの味噌も醬油も納豆も、起源を辿ると古代アジアの食文化に行き着く。

ということはだ。ユーラシア大陸のパチンコ台を反対にひっくり返して、日本という穴に落ちたはずの玉をジャラジャラと逆転させてみれば、自分たちのルーツを遡ることができるのではないか？

発酵の起源と多様性は大陸アジアにあり。そして日本は多様な発酵が落っこちてくる文化の穴である。そしてその穴に落ちる玉のなかで着目してみたいのが「カビの発酵」なのだ。

僕が専門で学んだのは、コウジカビという日本特有の発酵菌をはじめとするカビの発酵技術だ。うま味の素になる、米や麦に菌がモコモコに生えた麴をつくる微生物である。コウジカビからつくられるこの麹、甘酒や味噌、日本酒などいかにも日本らしい食材を醸す、和食において最も重要な存在なのだが、ルーツはおそらく大陸から伝播したものだ。

前述の通り「麹」の漢字はもともと中国から来たもので、麦が関係している。北京や上海のような主要都市で見られる麹は麦が原料だ。しかも用途がほぼ焼酎に限定されていて、日本のように汎用性のあるものではない。

対して、甘酒や塩麹などに使う日本的な麹は「糀」と書く。米粒に花が咲くようにコウジカビの胞子が生えるのでこの文字になったわけだ（この表現も日本的な「もののあはれ」を多分に感じる）。

2つの系譜のうち、日本でメジャーな「糀」は、どうも漢民族の統治エリア、いわゆる「中華帝国」に属さない、西の辺境から生まれたものなのではないか……という説がある。この説は、僕が学んだ東京農業大学の発酵の先生たちをはじめ、様々な研究者が唱えているものである。

今回の旅で僕が見つけたいのは「麹」ではなく「糀」の起源。

かつて大陸から伝わったであろう、米からつくられたソフトな甘酒やどぶろくを醸す発酵の素。何度も中国や韓国に足を運んだが、いまだ見つけることは叶わない。文献でしか見かけない幻の米の麹。文化が画一化されるなかで、もはや失われてしまったのではないかとすら思ってしまうが、乾燥した平野の漢民族文化圏「ではない」、温暖湿潤で山から流れる清水に恵まれた稲作地帯。そこにまだ見ぬ日本の「糀」のルーツが残っているのではないだろうか？

目指すは茶馬古道

第Ⅰ部の旅の行程は、日本から雲南省の省都クンミン（昆明）へ入り、そこから雲南北西部の高地、チベット世界の入り口であるシャングリラ（香格里拉）へ。さらに雲南西部を長江（揚子江）伝いに南下、発酵茶のメッカであるミャンマー国境のシーサンパンナ（西双版納）でゴール。標高3000m以上の寒冷なチベット高地から、海抜0mの東南アジアの熱帯へと激しいアップダウンを繰り返すダイナミックな道のりだ。

「このルートは……もしや？」

と思った旅好き歴史好きの方がいるかもしれない。ご明察、僕たちが向かうのは「茶馬古道」と呼ばれる、1000年以上の歴史を持つ古《いにしえ》の貿易路。「茶」と名がつくように、東南アジアとヒマラヤの高山のあいだで茶の交易に使われてきた「茶のシルクロード」だ。ゴールのシーサンパンナは、世界最古の茶の一つに数えられる、プーアル（普洱）茶の原産地だ。プーアル茶は、日本人になじみ深い緑茶や紅茶とは違う原理でつくられる、遠隔輸送を前提として発達した保存食の粋である。

前述の仮説によれば、茶馬古道が通る雲南省こそ「糀」の起源ではないか？ と言われている場所なのである。古代の統一帝国、秦以降の漢民族の文化圏から大きく西に外れた辺境。雲南という地名は、漢民族の文化圏の西端、四川省の山々に立ち込める「雲」の向こう側にある「南」の土地を指す。

中華世界の西の最果て、雲南。13世紀にモンゴル系の元帝国に征服されるまで、様々な豪族たちの寄せ集まりの地だったようだ。住みやすい平地の都市圏には東から移住してきた漢民族や古代からの有力豪族が住み、北部の高地にはチベットやモンゴル、イスラム系の遊牧の民が、そして全土にそびえ立つ急峻な山々のなかに多種多様な少数民族たちが分散して小さな集落を形成する。茶馬古道は平地と高地をつなぐ険しい山脈ルートを往来する、雲南の多民族文化圏の縦断ルートだ。

さらにアジア全体まで視点を俯瞰《ふかん》してみると、中国からインドへと至る西ルートの要所でもある。漢民族の文化圏の西端、四川省からインドへと行くためには雲南の北西部を通っていかなければいけない。海から遠く、山が険しすぎて車の通れる舗装路すらつくれない。馬と人しか通れない茶馬古道は20世紀後半になるまでアジアの西と東を結ぶ交易ルートとして現役で使われていた。

北にチベット、西にミャンマー、南にラオスやベトナムと接する雲南はアジアの交易の坩《る》堝《つぼ》であると同時に、中国全56の民族のうち26民族がひしめく多民族エリアでもある。南北東西で気候が違い、さらに民族も違うので、当然そこにはバリエーション豊かな食文化があり、多様な発酵食品が根付いている。

茶馬古道を旅することは、東アジアの食文化の坩堝を旅するということであり、すなわち日本の発酵文化の起源を訪ねるということに他ならない。

広大な茶のシルクロードでいったいどんなアナーキー発酵と出会えるのか。２０１９年の秋に僕の旅は始まりを告げた——。

高地の洗礼

雲と山のあいだに、細い帯のような、赤茶けた大地が見えてくる。飛行機が雲と山の隙間へと滑り込んでいく。険しい山々の裾に点在する平野は、土の赤と低木と牧草の緑のモザイク。高度が下がるにつれ、そのモザイクの中に小さな黒い点がゆっくりと動いているのが見える。高地で生きるウシ、ヤクの群れだ。東方の楽園と名高いシャングリラの大地は、その名とは似ても似つかぬ荒々しさで僕たちを迎えた。

「ハシモトさん……突然だけど僕……死ぬかも……」

呼吸することすら苦痛で、視界が真っ白に飛んでいく。激しいめまいと動悸息切れ、その後間もなく地獄のような頭痛がやってきた。ズキズキなんてレベルではない。木製バットで頭をかち割られ、その割れ目に五寸釘を打ち込まれた状態で震度7レベルの揺さぶりをかけられるような痛みがエンドレスに続く、地獄のなかでもだいぶ業が深めのハードコア地獄である。

「ヒラクさん、大丈夫ですか？」

突然脂汗を流し始めた僕に狼狽《ろうばい》する同行のハシモトさん。心配してくれるのはありがたいのだが、彼女の声すら脳に響いて痛い。

このまま日本に帰ることはおろか、二度と立ち上がることすらできないのではないか？事前準備バッチリ、期待値ＭＡＸでスタートした茶馬古道の旅は、僕の人生のなかで最も苛烈な頭痛とともに幕開けすることになってしまった。


雲南省の省都クンミンで現地のコーディネーター、宮本さんと合流。そこからローカル線で雲南省北端、チベット世界の入り口であるシャングリラの空港に到着した。空港の外に出ると、目も眩むような強烈な日差しなのに、めちゃくちゃ寒い。それもそのはず。ここは標高およそ３３００ｍ。富士山の９合目に相当する高地なのだ。漢民族中心のクンミンは、近

山之源
Shanzhiyuan Specialty Store

代的な建売のビルが立ち並ぶ典型的な中国の地方都市の趣。対して、シャングリラの街は全体的にもっと荘重な雰囲気が漂っている。緻密な木彫の建具で装飾された家々が立ち並ぶ石畳を、黒い貫頭衣と赤い帽子を被った、チベット族の民族衣装姿の女性がゆっくりと歩いていく。人間も建物も、日本よりもがっしりと大柄で、北方の地を訪ねているのだ……という感慨が湧いてくる。

伝統建築を改築したホテルにテンションが上がり、地元の常連客でいっぱいのレストランでシャングリラ名物のマツタケの刺し身を堪能したりと、日本からの長旅の疲れも忘れて観光気分が盛り上がってしまった。夕食後に宿に直帰するのが惜しくて、旧市街で催されていた夜市へ。そこで地元の人に誘われるまま爆音ディスコのローカル盆踊りに参加してしまったのが、今思えば間違いだった。何の高地訓練もしていない一般人が、ほぼ富士山の頂上の高さの場所で、激しく踊ってしまったらどうなるか？

顔が牛で、胴体が人間の気色悪い怪物たちに囲まれてバットで延々と滅多打ちにされる。そんな悪夢に一晩中うなされたあとの翌朝、目の前には巨大な酸素ボンベを持って憐れみの目で僕を見つめるハシモトさんがいた。

「ホテルの人に聞いたら、典型的な高山病だそうですよ、ヒラクさん……」

末期患者のように吸引器をあてがわれ、数分間深呼吸を繰り返しているうちに、突如スーッと痛みが引いていった。

お昼過ぎまで休んでフラフラのまま街路に出ると、怖いぐらい澄み切った青空に青・白・赤・緑・黄の五色の祈禱旗《きとうき》がはためいている。一歩足を踏み出す度に目眩がする。照りつける日差しの熱を、吹きすさぶ風が絡め取っていく。太陽に近いはずなのに、身体の芯が凍てついていく乾いた寒さ。空の青さには、天に抜けていく軽やかさは皆無。その青は、身体を容赦なく押しつぶしていくプレス機のようだ。

天と山の隙間、雲の細い帯のなかにへばりついている人を寄せ付けぬ高地。古来からずっとチベット族がここで暮らし続けてこられたのは、他の民族が容易に適応できない厳しい土地だからなのだと自分の身を持って知る。平野の民は、ここでは満足に呼吸することすらできないのだ。

生物の世界の理《ことわり》は、弱肉強食ではなく、適者生存の原理で動いている。ある川を境に、ある山を境に、ある標高を境に、植物の生態系がガラッと変わる。僕の専門である発酵の世界でも、特定の集落の環境でしかうまく菌が働かない漬物があったりする。植物や微生物は環境の変化に敏感だ。ちょっとした温度や湿度、風の流れによって各々の生存範囲が制限される。人間は、植物や微生物よりも環境の変化に対応しやすいはずだと思っていたが、やはり基本は変わらない。僕たちもまたニッチに適応して生きる存在だ。本当なら何週間もかけて徐々に身体を慣らしながら、酸素の薄い高地へと登ってくるはずが、ひとっ飛びに自分のエコロジカル・ニッチの範囲外にワープしてしまう。現代のテクノロジーのなせる技だが、肝心の生身がついていかない。

ここチベット世界は、人類のなかでもかなり限られた人種しか適応できない特殊なニッチだ。ここシャングリラに適応した人々は、厳しい環境でも存在できるわずかな資源を使って生きる術《すべ》を編み出していた。ここから驚異のサバイバル発酵文化が生まれる。ユニークな発酵文化は、何でも豊かに食物が手に入る場所ではなく、制限の多い場所で生まれるのだ。

フラフラの身体に、美味しい発酵食に出会うための闘志を燃やし、僕は一路郊外の荒野へと向かった。酸素ボンベをかたわらに抱えて。

チベット世界の入り口

ここで今回の旅のメンバーを紹介しよう。まずハシモトさんは僕のデビュー作『発酵文化人類学』の担当編集者で、いま在籍している旅の雑誌の企画で雲南の発酵食品の取材を一緒にすることになった。僕と一緒にチベット盆踊りを踊ったのにまったく高山病にかからなかった、ダンス好きの元気娘である。

そして旅のコーディネーターの宮本さん。クンミンで食品メーカーを経営している。元々日本の大手食品メーカーに勤めていたのが、やがて中国支社に転勤となり雲南の駐在員に。

しばらく経って本社が雲南拠点の撤退を決めたが、なんと宮本さんは雲南支社を自分で引き取って事業主となってしまったのだ。今は健康意識や環境意識が高まっている現代の中国人向けに、伝統的な食材や発酵技術を活かした商品を開発している。50代なのに若々しく、眼力鋭い、懐の深い学者肌の事業家だ。経営が忙しいのに2週間強の行程を同行してくれた(名目としては新商品開発のための調査も兼ねているようだ)。

ドライバーは宮本さんの会社のスタッフのリーさん。30代はじめの長身のイケメンで、いつもニコニコと機嫌がいい。テーブルの端っこや箸でビールの栓を開けるのが得意。トラブルが起きた時も彼のおかげで雰囲気が暗くなることがなかった。基本的にみんなマイペースで細かいことを気にしない鷹揚《おうよう》な性格だ。一緒に旅をするメンバーに神経質だったりこだわりの強い人がいると気を使って大変なので、今回の旅のメンバー構成はまことに楽ちんでラッキーだった。

シャングリラの市街地を抜けると、だだっ広い平野に出る。ゴツゴツとした岩肌があちこちに露出し、合間に牧草地が広がる。高木はほとんどなく、日差しがギラギラと照りつけ、印象としてはスペイン中部のラ・マンチャ地方をもうちょっと寒くしたような感じで、人気のない荒野が果てしなく続いている。市街地も上海や北京とは異質なチベット系の趣はあれど、どこかうら寂しい街並みだし、シャングリラ=理想郷という名前に惹かれてやってきた旅人は、この荒涼とした景色を見たら詐欺だ！　と思うかもしれない。

そしてこの何ともいえない風。常時びゅおおおおーと冷たい強風が吹きすさび、荒野に忘れ去られたように立つパゴダ（仏塔）の五色フラッグがパタパタと音を立てる様子を見ていると、やるせない寂しさがこみ上げてくる。人の気配がしない、というか生物の気配もない。このままだとそのへんの石ころに話しかけてしまうかもしれない。

アジアの賑やかさを微塵《みじん》も感じられないこのシャングリラ。ジェームズ・ヒルトンの小説『失われた地平線』の舞台となり、現代文明から隔離されたユートピアの代名詞となった。

行政的な区分でいうと、中国雲南「省」の北西部にある、デチェン・チベット族「自治州」にある「市」である。日本と違う中国の地域の区分を簡単に解説しよう。まず中華人民共和国という「国」の下の区分は基本的に「省」。これは日本における県にあたる。次に「自治州」。雲南のように少数民族が多い省では、各民族の権利が（ある程度）優遇された「州」がある。シャングリラは雲南「省」の、デチェン・チベット族自治「州」（デチェンはチベット語の地名）の中心を成す「市」である。市のなかのさらに細かい区分が「郷・鎮」。人が集住している町を「鎮」、人口少なめの農村を「郷」という。

区分の順番は、国→省→市→郷・鎮となる。ユニークな発酵文化が根付いている小さな村はたいてい一番小さい区分の「郷」にある集落であると思ってほしい。

ちょっと話は脱線するが、人口10億人を超える超大国中国では、例外の区分がけっこうある。まずは共産党中央から自主裁量を優遇された「地」。深圳や武漢、杭州など政府肝いりの経済特区や開発区がこれにあたる。次に省まるごと少数民族が治める「自治区」。新疆ウイグル自治区、内モンゴル自治区、チベット自治区など、漢民族とは違う「国家内国家」のようなエリアである。日本人に馴染みの深い台湾は、このどの区分にも属さない。台湾政府は自分たちを「中華民国」という独立資本主義国家であると主張し、政府も独立している。しかし共産主義国である中華人民共和国は、建前上台湾の独立性をオフィシャルには認めず、独立の国とするのか、中国いち地方とするのか国際世論のなかでも意見が割れている。台湾ほどラディカルに独立性を主張してはいないが、独立行政を持っている地方に、香港とマカオがある。こういう区分を見るに、中国は「国」というより一つの「世界」であると実感する。

話を戻すと、シャングリラは「雲南省の北に位置する、チベット族の自治州の中心市」で、僕たちは中心を離れ、郊外に向かっているわけだ。これから様々な地名が出てくるが、この区分に沿ってイメージしてもらえると幸いだ。

チベットの味噌汁茶

シャングリラの市街地を抜けて30分ほど、荒れた丘陵地帯を通り過ぎると、広い牧草地帯に出る。人口密度が限りなく低い「鎮」に入ったのだ。

「ほら、向こうに見えるのがヤクの群れだよ」

宮本さんに促され、柵のない牧草地に足を踏み入れる。ヤクはこのチベット高地に適応したウシの一種。とはいえ一般的なウシより家畜化されていないようで、畜舎で飼うようなことはせず、広い牧草地で放し飼いにして育てられる。ウシよりも毛足が長く、体格もガッシリしている。特徴的なのが長く湾曲した大きなツノと、ウシとは似ても似つかないドスの利いた「ヴモモモォ〜」という鳴き声だ。僕の知っているウシより総じて野太く、かつおっとりしているのがチベットのヤクだ。

見た目はいかついが邪気は感じないヤクの背中でも撫でてみるか……と、のんびり昼寝している一頭のヤクに近づいてみると、僕が一歩を踏み出すたびに向こうものんびりしながらも一歩後退する。わっ！　と群れに駆け寄ってみると、今度は慌てて散り散りに逃げ出す。決してソーシャルディスタンスを崩さない半野生の家畜。ヤクはチベット高地民の生命線であり、同時に民族のシンボルでもある重要な存在だ。

牧草地の周囲を見ると、ポツンポツンと民家が建っている。裏から見ると堅牢《けんろう》な石造り、表から見ると風情のある木造住宅という、これまで見たことのないような不思議な様式の家々。高地チベット族の伝統家屋だ。宮本さんの紹介で、代々この土地に住む典型的な農家を見学する機会に恵まれた。

家の敷地に入ってみると、まずその大きさに圧倒される。家というより小型の砦の風情だ。付近の家々はだいたい共通の2階建て。基本的な骨組みは分厚い石を積んでつくり、その石積み構造を付近の山々で伐《き》りだしてきた、明治大正の立派な古民家でしかお目にかかれないような巨大な木製の梁で補強している。ファサードはこれまた古式ゆかしい日本家屋や神社仏閣でしか見られない繊細な彫り物が施された建具で覆われ、「なんと手間とお金がかかったお宅で……」と圧倒されてしまう。

なお僕が伺ったこの家は新築らしく、ここチベット自治州の集落では今でもこの手間のかかった伝統住宅を再現する大工技術が受け継がれ、21世紀に至っても、地元民は現代風の建て売り住宅に目もくれず、家を建てるなら頑なにチベットスタイルにこだわるそうだ。

敷地をキョロキョロ見回してみると、納屋では円錐形の不思議なかたちをしたバターらしきものが陰干しされていたり、家の前にこれまた見たことのない麦らしき穀物が敷き詰められていたりする。玄関をくぐると軽く3m以上ありそうな天井高のだだっ広いリビングに通された。真ん中には立派な薪ストーブ。そのまわりをイスやローテーブルが囲み、ご近所さんが数人世間話に興じている。ストーブの輻射《ふくしゃ》熱で部屋はポカポカと暖かく、奥のソファに腰を下ろすと子猫がピョン！　と僕の膝に乗ってきた。

「ぜひチベットのお茶を飲んでいってください」

と一家の主の、赤く日に焼けた肌のおじさんがチベットスタイルのお茶の準備をし始めた。ご主人のチベット語を別の村人が中国語に翻訳し、それを宮本さんが日本語に通訳するかたちでインタビューが始まった。集まったご近所のおじさんおばさんはみんなシャイで、もの静か、でも温かい雰囲気だ。東北の農家のおうちに遊びに来た気分になる。

しかしこの穏やかなチベットの人々。歴史を紐解いてみるとアジア屈指の戦闘民族の末裔なのである。中世の時代、チベットは吐蕃《とばん》と呼ばれ、当時の中華帝国もうかつに手を出せない強国だった。この吐蕃と争いではない方法で関係性をつくるために、中国は雲南南部でとれる茶を送った。これが茶馬古道の起源の一つである。

それでは雲南のディープ発酵文化の世界に入っていこう。

僕の目の前には、ほかほかと湯気を立てるカプチーノ色のお茶がある。しかし香りは僕たちの知っている緑茶や紅茶とは全く違う。茶葉特有の爽やかさはなく、どちらかというと香ばしくて食欲をそそるような匂いが引き立つ。一口ズズッと飲んでみると、まず感じるのはまろやかなうま味。これはまあわからないこともない。次に程よいしょっぱさ、そして舌に染み渡っていくコク……これは、バター？　このチベット茶、ざっくり説明するならば、

〈発酵した茶葉とヤクのバターを混ぜ、塩を加えて煮出したスープ〉

日本人がイメージする、嗜好品としてのお茶とは全く趣が異なる飲料なのだね。

では要素を分解して順に説明する。このお茶の最大の特長はヤクのバター。チベット高地民の主たるタンパク源だ。作物の乏しい高地では、豊富に搾れるヤクの乳を様々な方法で発酵させて栄養価と保存性を高める。

まず乳を搾ったら、煮出して沸騰させ、液体を一晩乳酸発酵させる。発酵してドロッとした乳を攪拌《かくはん》し、固形状になったものを取り出して乾燥・熟成させてバター（実際は酸味があってチーズとバターの中間のような味）をつくる。このバターがヤクの乳の「一番搾り」。バターを取り出した後の粘度の低い乳脂肪分はもう一度発酵させてヨーグルトにする。これが「二番搾り」。

最後に残ったサラサラの乳清《ホエー》は軒先に晒されていたハダカムギ（脱穀しやすい六条大麦。日本では味噌や麦茶の原料に使われる）の粉と一緒に捏《こ》ねてパン状に発酵させて焼く。畑作がかぎりなく困難な高地において、主要なタンパク源はヤクの乳と肉、そしてカロリー源（炭水化物）が、高地でも生育するタフな穀物、ハダカムギなのだ。

では次へ。カロリーやタンパク質と並んで、人間の健康維持に欠かせないビタミン源。これを司るのがお茶だ。僕が振る舞ってもらったお茶は、日本で一般的に飲まれる爽やかな香りの緑茶と違い、ほぼ真っ黒に乾燥し熟成させた香りのものだ。これは茶葉をカビや乳酸菌などの微生物によって発酵させた「後発酵茶」というカテゴリーに属する。雲南名物のプーアル茶の系譜だ。もちろん大規模な畑作ができないチベットの高地で栽培されたものではな

く、雲南の南部や貴州・四川などの温暖な平野部から遠路はるばる運ばれてきたものだ。

最後に塩である。海から遠く離れてはいるが、ヒマラヤ山脈に位置するチベットには岩塩の伝統がある。かつて海底からせり上がってきたヒマラヤの峰には、太古の海水が閉じ込められている。チベットの名産品である岩塩は、自家消費はもちろん、海塩の取れない中国平野部やネパールに輸出された数少ない外貨獲得商品だったのである。つまり、茶馬古道の「上り（雲南↓チベット）」はお茶が、「下り（チベット↓雲南）」は塩が運ばれた。茶と塩は実は茶馬古道の始発と終着の両名物なのだ。


農家のおじさんが、部屋の隅から大きな筒状の木の器を持ってきて、チベット茶の淹れかたを実演してくれる。まず天井から吊るされた棚から円錐形の熟成バターを取り出し、小さくちぎって容器の底に入れる。次にレンガのように固い茶葉をナイフで細かく削いで、バターの上に入れ、筒に熱いお湯を注ぐ。そこに少量の塩を混ぜて、餅つきのように、棒で突いてバター、茶、塩を混ぜ合わせていく。ポットで茶を煎じてカップに注ぐスタイルとは全く異なる、まるで料理のような茶の淹れ方である。

「わ、なんだろうこの香りは?」

おじさんがぺったんこ、ぺったんことバターを突くたび、室内にかぐわしい香りが広がっていく。それもそのはず、バターも茶葉も発酵しているので、ダブル発酵の香気である。ヤクの乳はウシの乳よりも濃厚で、香りもワイルドだ。

じゅうぶん突いて攪拌され、トロッとひとつにまとまったバター茶が、大きな茶碗（といか汁椀）になみなみと注がれる。発酵した茶葉のコクのある香り、まろやかな乳の匂いとともにグイッと飲む。

「あれ……これはお茶というよりお味噌汁では？」

クリーミーで旨味のつまった、栄養満点の「スープ的なナニカ」と表現するしかない不思議な味わいだ。

考えてみれば、チベットの高地の人々にとって、バター茶はリフレッシュのための嗜好品ではなく、日常の栄養摂取に欠かせないソウルフードだ。バターには乳由来のタンパク質や脂質が豊富に含まれている。そして茶葉には土から吸い上げたミネラルや、チャノキが日光から身を守るために生成した抗酸化物質（ポリフェノール）が凝縮されている。しかも茶葉をカビや細菌類によって発酵させる後発酵茶には、微生物の働きによって生まれるビタミン類や有機酸類、発酵作用で変質したアミノ酸のうま味が加わり、生き延びるために必須の栄養素が幅広く含まれている。さらに肉体労働で失われるナトリウムは岩塩で摂取する。野菜の乏しい高地において、ビタミンやミネラルの不足を防ぐためには茶を大量に飲む必要性があったのだ。これに麦のおねりやパンを食べればそれで必須栄養素をコンプリートできる。

実によくデザインされた高地の発酵文化ではないか。

一口目こそヤクの乳特有のクセが引っかかったものの、茶碗一杯飲み干す頃にはすっかりクセになってしまう。「美味しい！」と飲み干すと「じゃあもう一杯」とわんこそばスタイルでまた茶碗一杯のお茶が注がれる。振る舞われるままお茶を飲み続けたハシモトさんは、翌日激しくお腹を壊してしまったようだ。高地の洗礼は高山病だけじゃないようである。


チベットの人々は茶を食べて生き、体内には茶が流れている。茶はリフレッシュのための嗜好品にあらず。身体を温め、新陳代謝を促し、細胞の材料を補給するために必須の「いのちのスープ」なのだ。隔絶された高地で生き延びるために限られたローカル食材を極限まで加工するローカルサバイバル術こそが、発酵の真髄。どうしてもローカルで調達できないビタミン源であるお茶は、茶馬古道を介して数千キロ離れた熱帯の森から運ばれる。発酵文化には、自給自足の知恵とグローバルな流通が交差するダイナミズムがあるのだ。

このバター茶を飲みながらこれまで考えたことのなかった茶の系譜に想いを馳せる。

それは、日本で一般的な嗜好品としての茶ではなく、生活必需品としての茶の系譜。「コーヒーとしての茶」ではなく「味噌汁としての茶」だ。リフレッシュや嗜《たしな》みとしての茶ではなく、ないと死んでしまう、日々の生活に必要不可欠なソウルフードとしての茶。僕は、既存の華やかな茶の探求道とは違う、数千年に渡ってひっそりと辺境で生命を支え続けてきた

「もうひとつの茶の道」に足を踏み入れることになったのだ。

「短い夏を除いて、ここは年中寒いからストーブを中心にした空間になる。短い農期が終わるとみんな家のなかに集まるから居間が大きいんだよ。分厚い石壁は家から熱を逃さないため……あと、異民族が攻めてきた時に立て籠《こ》もれるようにした名残なんですよ」

ヤク尽くしのお茶やパン、ヨーグルトなどを食べながら農家のみんなから聞いた、チベット独特のライフスタイルは実に味わい深い。

中世吐蕃の時代から、チベットの歴史は中華帝国やモンゴル系の遊牧民族たちとの戦いの歴史だ（今でもその戦いは続いている）。石壁の隙間にはめ込まれた窓から地平線の果てまで続くような荒れ地を眺めていると、向こうから押し寄せてくる異民族の軍隊の姿が目に浮かぶ。逃げ隠れる場所もなく、勇敢な農民たちは武器を持って堅牢な家々に籠城し、この土地を守ってきたのだろう。初見に抱いた「砦のようだ」という印象は間違いではなかったのだ。優しそうなご主人をよく見ると首の下は筋骨隆々、いざ何かあったら家の梁くらいの丸太をぶん回して敵を追い払えそうだ。

野性的だが素朴、臆病なようでいて時に猛々しいヤクのごとく、高地のチベット族の人々は、柔和な表情の奥に先祖代々の土地を守るファイティングスピリットを宿しているのだ！と畏怖の念を抱いて膝上の子猫を撫でたら、猫までガッシリと精悍《せいかん》な体格で眼光鋭く、我が家のわがままぽっちゃりボディの呑気なニャンとは別種の生物なのであったニャー。

ナゾのハダカムギ焼酎

「自家製酒販売してます」

衝撃的な味噌汁茶の余韻に浸りながらホテルに戻る途中のロードサイドで、辺鄙《へんぴ》な農場の軒先にアヤしい看板が立っているのを発見。これはもしや、農家の副業で酒造りをやっている限りなくホームブリューイング的なもぐり醸造所なのでは？　と居ても立ってもいられなくなり、

「車停めてください！　ここでお酒つくっているかも」

と運転手のリーさんに叫び、アポ無しで「頼もう！」と農場を突撃した。するとビヨンセのようなB－GIRLファッションに身を固めたチベット族のお姉さんが、「なに、酒造りの見学？　物好きな人たちが来たわね」とアンニュイな感じで蔵を案内してくれた。

「ここでお酒つくってるから、適当に見ていけば？」と通されたのは、大きな納屋の一角にある、真っ暗な穴蔵。よーく目を凝らして見てみると、沖縄の泡盛蔵で使われているようなクラシックな甕《かめ》がむき出しの地面の上にずらっと並んでいる。一面ホコリだらけ、小蠅がブンブン飛んでどう考えても衛生的とは言えない穴蔵のそこここから、妖しくスイートな発酵臭が漂っている。

「これは何のお酒ですか？」

「えーとね、ハダカムギの白酒《パイチュウ》」

白酒とは、中国式の焼酎のこと。トウモロコシやコーリャン、イモなどを醸したもろみ（搾る前のお粥状の酒）を蒸留した、激烈にアルコール度数の強い酒だ。ビジネス接待の場でショットグラスになみなみストレートで注いで、「乾杯《カンペイ》！」と一気飲みするアレだ。

僕も発酵業界の知人からもらった、由緒正しい茅台酒《マオタイ》など高級ブランドは飲んだことはあるのだが、こんなローカル色剝き出しの、しかもハダカムギ原料の変わり種は未知の体験。期待に胸が高鳴る……。

そんな僕の期待を見て取ったチベットのビヨンセ。「良ければ見てみる？」と甕に被されたビニール袋をペロッとめくって、発酵中のもろみを見せてくれた。スマホの懐中電灯ライトで照らしてみると、甕のなかにドロドロに溶けた穀物のペーストがプクプクと泡を立てており、そこから強烈な発酵臭と鼻を刺すアルコールの揮発分が発散されているではないか。

発酵を学ぶ者として、ぜひとも製法の詳細をインタビューしなければいけない。

「原料はハダカムギだけ？　麹はどうするんですか」

「そう。ハダカムギだけ。ところで麹ってナニ？」

「えっ、麹使わないの？　ほら、穀物にカビを生やして、モコモコさせたフレークみたいなヤツ……」
「なにそれ?」
とハテナ顔のビヨンセ。あれ、焼酎って麹ナシでも醸せるものだっけ? と僕も不安になってくる。どうやらこのハダカムギ白酒は、僕の常識外の醸造法でつくられているらしい。

話を進める前に、一度日本含むアジアの典型的な酒の醸造法をおさらいしよう。日本含む東アジア圏では、主に穀物を原料に酒を醸す。対してヨーロッパで主流になっているワインやシードルは果実で醸す酒だ。果実にはアルコールをつくる微生物である酵母のエサとなる糖分(グルコース・フルクトース等)が豊富に含まれているので、果汁に酵母をつけるとすぐに発酵が始まり酒になる。しかし、麦や米やイモの穀物には、酵母のエサとなるような糖分がほとんどない。そこで糖分を分解する特殊な働きの発酵カビ=麹菌を穀物につけ、穀物に豊富に含まれるでんぷん質を糖分に変える。この「穀物にカビをつけてでんぷん質を糖分に変える発酵スターター」を、つまり麹という。

東アジアの酒において麹は必要不可欠な存在だ。麹がないと穀物から酒をつくることは難しい(西洋においては麦から醸すビールがあるが、これは麹ではなく麦を発芽させた時に植物が自分を分解する作用を利用する)。麹の働きによって穀物を糖分のカタマリに変え、その糖分を酵母に食べさせてアルコールや香気成分を生成する「菌のバトンリレー」が東アジアの酒のアイデンティティだ。

日本酒や紹興酒やマッコリは全て温暖湿潤な土地を好む発酵カビの賜物である麹をスターターに、アルコール自体は酵母によってつくる「二段ステップの発酵」によって醸される。そして焼酎は、麹をスターターに醸した酒を蒸留したもの……のはずなのだが？

「ハダカムギにカビみたいのつけません？　そう、麹、麹ですよ！」

と必死に「カビ見せてカビ〜」と嘆願すると、ビヨンセは何かを了解したらしく、奥から「酿酒曲」と書かれた小さなパック状の袋を持ってきてくれた。

「ウチでは、ハダカムギにこれを振りかけてもろみをつくる」

その袋を読解してみるに、どうやらこれは中国版「種麹《たねこうじ》」であることがわかった。種麹とは一言でいえば「発酵カビの種をパッケージした粉末」だ。見

た目は裏社会で取引されそうな「白くてヤバい粉」状のもので、カビの種がギッシリ詰まっているので実際ヤバい。この粉を蒸したり煮たりした穀物に振りかけると、カビが繁殖して麹ができる。

ちなみにパン種をつくる時に振りかけるドライイーストは、カビではなく酵母の種をパッケージした別種のヤバい粉。パン種をつくる時は酵母の種、麹をつくる時はカビの種を振りかける。種麹はいつでも穀物を麹に変えられる便利な発酵スターターだ。

「そうですよね。やっぱり麹つくるよね！　次は麹見せてプリーズ」

「えっ、これをハダカムギに振りかけたら、もろみができるんだけど」

なんと種麹があるのに麹がなく、直接もろみが醸されてしまうとは！

小津安二郎の名作『秋刀魚の味』の一幕、笠智衆《りゅうちしゅう》が娘の岩下志麻に友人からの縁談話を持ちかけ「とにかく一度会ってみておくれよ」とお見合いを決め、次のシーンではいきなり結婚式という驚きの超展開を思い出した。お見合い（種麹づけ）↓結婚（もろみ発酵）という段飛ばしであり、恋愛（麹づくり）というステップがごそっと抜けている。これはいったい何事なのだ？

突然やってきた鼻息荒い外国人をめんどくさそうに見ているビヨンセに食い下がって、ハダカムギ白酒の製法を順を追って説明してもらった。

まず麦を蒸煮し、ビシャビシャになった麦を甕につめ、種麹のヤバい粉を振りかけてよく混ぜる。数週間～2ヶ月ほど経つと甘酒状の発酵ペースト（もろみ）になる。それを蒸留するとアルコール度数50度オーバーの白酒のできあがり。要はハダカムギにカビの粉を振りかけたら酒になってしまうのである。そんな手抜きアリなのかと叫びたくなるが、実際それで酒になってしまうようだ。

ヤクと並ぶチベット族の重要食材、ハダカムギで醸されたナゾの焼酎。醸造学的な疑問が山のように湧いて出る。どうして麹づくりを省略しても酵母によるアルコール発酵が起こるのか、カビによる糖分の分解はいつ行われるのか、いくら尋ねても、「酒になるんだから、別に理由なんていらなくない？」とギャル特有の現実主義を貫くビヨンセ。これ以上押してもムダだと諦め、自家製白酒をペットボトルに入れてテイクアウトした。

外でひとくち飲んでみると、野趣溢れる、正しい手づくり焼酎の味。飲んだ瞬間に麦の香ばしさ、突き刺すようなアルコール感が押し寄せてきて胸が熱くなる（感動ではなく物理的に胃が燃えた。おそらく度数50度はあるだろう）。日本の洗練された焼酎のつもりで飲むと、むせて戻してしまうような強烈な味だ。このチベット族のワイルド白酒の秘密は、次の目的地、リス族の限界集落で明らかになるのであった。

第2章：リス族とフリーダムアジア麹

急峻な山々の尾根に、まるでマイタケのように木造の小さな家の集落が生えている。崑崙《こんろん》山脈の雪解け水が長江へと合流する金沙江《きんさこう》は、雲南省西北の山間を縫って流れる雄大な河だ。この金沙江の川裾を、チベット世界の入り口であるシャングリラから茶馬古道の北の起点リージャン（麗江）へと南下していく途上の、どう考えても人が住めるとは思えない厳しい山の尾根に誰かが住んでいる気配がする。

ここは雲南の山間や渓谷に約70万人が暮らす少数民族、リス族の世界だ。簡素な家屋の造りやカラフルな民族衣装など、近代化以前の面影を強く残す集落が山のあちこちに散らばっている。そこに根付くのは、東アジアの食のルーツを色濃く反映すると同時に、日本では到底お目にかからないような土着カルチャーが刻まれた山間の発酵ユートピアだったのだ。

リス族の歓迎

チベット世界に別れを告げ、次に向かう茶馬古道の要所は、雲南が中華帝国に併合される前から存在感を示していたローカル豪族、ナシ族の都リージャン。シャングリラからリージャンへは、きちんと舗装されたメインルートを迂回して、金沙江の川沿いを蛇行しながら下るローカルルートを行くことに。

川沿いの崖道を、山と茶を積んだ馬のキャラバンが通る……茶馬古道のいにしえの面影を見てみたいと熱望したものの、切り立った崖の川裾を行く、蛇のようにぐねぐねとうねる金沙江ルートは車酔い必至の悪路。途中、標高3000m弱の峡谷で小休止。富士山級の山々が連なる隙間を大河が流れる、地球のひび割れのようなスケール大きすぎの景色に思わず息を呑む。同行の宮本さんが、峡谷の向こう側を指差す。

「山の尾根のほうをよーく見てみてください。白い印が点々と続いているのがわかるでしょう。あれが茶馬古道の名残です」

目を凝らすと、その道幅ほんの2m弱、糸のように細い道が崖のような急な斜面に設えてある。よく漫画や映画で、敵から逃げる主人公が崖沿いの道を命からがら通るシーンがある。まさにそんな感じの細道が、目に見えるだけで何十キロも続いている。ここを人間だけでなく、馬が連なるキャラバンが延々と歩いていったのだ……雲の上の荒野にお茶や塩を届けるために——とイメージしていると、金沙江からびゅうと風が吹いてきた。すると峡谷の向こうの崖からチリンチリンと鈴の鳴る音がする。キャラバンの馬の首に付けられた鈴の音のはずもなく、もちろん幻聴だろう。

20世紀後半になってキャラバンの文化は廃れ、荷を運ぶのはトラックや列車になった。峡谷のこちら側では、重機が山を削り、道幅10m以上はある立派な道路をコンクリートで舗装している最中だ。秘境のようなこの山間地も、数年後には高層マンションが立ち並ぶ地方都市に姿を変えているかもしれない。

シャングリラから標高1000mほど下ると、山肌が緑で覆われるようになる。温暖湿潤な広葉樹林帯に入ったのだ。金沙江沿い標高2500m前後の山間地にある、デチェン・チベット族自治州維西リス族自治県。チベット自治州のなかにリス族が間借りしている格好である。

川沿いの車道からひょいっと脇道に入り、未舗装の砂利道を登っていくと、数百人程度のリス族が集住する村々に辿り着く。最初に訪ねたのはローマ（羅馬）村。山奥に突如イタリアの首都があらわれる。おそらく数百年前からほとんど変わらないであろう、自給自足の素朴極まりない山村の典型。道にはニワトリが歩き回り、台所では薪火で煮炊きし、集落の脇にはハダカムギやトウモロコシ、ジャガイモの畑がある。

案内してくれたリス族の村人たちはみんなニコニコ笑顔で華奢《きゃしゃ》な体格。大柄で逞しいチベット族よりも断然日本人に近い。完璧に異世界なシャングリラと比べると、親戚の家に遊びにきたような親近感がある。村を散歩していると、おじさんが「これ食べな！」と笑顔でツヤツヤのどんぐりを木からもいでくれる。リスにどんぐりもらうなんて、おとぎ話の村に迷い込んだようではないか。

日が暮れてくると、村長の家族と共産党の担当コーディネーターとともに村の広場にテーブルを出して宴会が始まる。なお中国の田舎において地域の「長」には2種類あり、共産党の選出する行政区における書記、住民が選出する自治組織における長のダブルリーダー制になっている。フォーマルな服を着た、シュッとした見た目の比較的年若めの人物は共産党サイドの長であり、他の村民とおなじくユルめの服を着たおじちゃんおばちゃんが自治体サイドの村長と思って間違いない。

ローマ村で僕たちをもてなしてくれた「村長」は後者の住民代表ローカル村長であり、洗濯しすぎでクタクタになったポロシャツに身を包んだ、ぽっちゃり体型の底抜けに人が良さそうなリス族のおじさんだ。一同から少し離れて鋭く目を光らせているのが、共産党から派遣されている、タイトなスカートスーツを着こなす、切れ者そうな妙齢女性（たぶん漢族）の書記。お姉さんはさっさと手柄を挙げてもっと大きな行政区の担当に出世することを望み、前者のおじさんは住み慣れたマイカントリーで村人が末永く仲良く暮らしていくことを望んでいるのであろう。同じ「長」でも目指す未来は全く違う。

この両者が並ぶ席で宴会が始まるとどうなるのであろうか？

「いやいやどうもどうも、遠路はるばるよく来た！　まあまずは乾杯乾杯！」

自治会村長が客人と白酒で乾杯しまくり、顔を真っ赤にしながら「さっき潰したニワトリ鍋をどうぞどうぞ」「うち自慢の赤米のお粥をどうぞどうぞ」と上機嫌で接待に精を出す。

そんなローカル村長の隣では、共産党のスマート女子が、異国からわざわざ調査しにきた著名な専門家（という体裁になっている）と村民が触れ合う場面を、無表情でいろんな角度から写メしている。そうやって外部の識者との交流を党に報告すると、ポイントが稼げるらしい。

中国共産党は役人の世界と言えど成果主義。日本と違って学歴や家柄だけで上り詰められるほどヌルい世界ではない。小さな村のピースな宴会でも、上を目指す者は常に手柄を立てるべく目を光らせている。この旅では、僕は実にたくさんの村長や役人と「カメラ目線で友好の握手をする写真」を撮られた。今ごろどこかの村役場の掲示板の片隅に貼られているかもしれない。きっとこんな感じのスローガンを添えて。

「日本から来た発酵の大先生が、我が村の食文化を激励！　住民一丸となって、名産品を増産しよう！」

ハシモトさんの嫁入りオファー

村長はじめローマ村の住民が振る舞ってくれたリス族の料理は、日本人の口によく合う、素朴な美味しさだった。辛くて薬味を効かせたチベット族の料理と違い、香辛料の使いかたが穏やかで、脂身は少なく、程よい塩味で味を調えてある。メインは鶏をトサカやアタマや足ごと煮込んだ鶏鍋、そしてトウモロコシやコーリャン、赤米のお粥《かゆ》、高菜風の漬物など。集落で採れる食材をうまく組み合わせた田舎料理だ。激辛かつオイリーな中国の西方料理の味にやられていた胃腸に染み渡る。

付近には飲食店は皆無のローマ村。もちろん乾杯用の白酒も自給自足のハダカムギやトウモロコシなどから手づくりしている。村人の家にも醸造用の甕があり、チベットの蔵ではよくわからなかった醸造法を尋ねてみた。

「もろみの原料は集落の穀物ですよね。それで麹はどうしているんですか?」

「麹……ああ、もろみを発酵させるヤツね。草だよ。草を使うんだ」

「えっ、穀物だけじゃなくて草?」

「私もよくわからないんだけど、昔からこのへんでは薬草を使って酒をつくるんだ」

どうやら村の長老がその草のことを知っているようなのだが、今この場にはいないようだ。

これ以上何を聞いても答えられる人はおらず、雲南焼酎の謎は深まるばかり。

みんなで焼酎の杯を重ねるうちに、日が暮れていく。畑仕事を終えた村人や学校から帰ってきた子供たちが広場に集まってくる。ふだん外国人が来るような観光地ではないので、みんな食卓を遠巻きにしつつ、珍しい客人に興味津々である。そのうちお母さんたちが同行のハシモトさんに目をつけ、

「あら、この子、リスの民族衣装似合うんじゃないの?」

と、納屋から刺繍が施されたカラフルな民族衣装や金ピカの装飾品を運んできて、着付け大会を始めてしまった。そして15分後、広場にリスのハレの衣装をフルセットで装着したハシモトさんが登場。

どよめくリスのおじさんたち。それまで無関心そうに座っていた共産党のスマート女子も身を乗り出して、村人総出でハシモトさんの周りを囲む。突然のアイドルの記念撮影会のスタートである。近代化とは無縁の集落なのに、なぜかみんなスマホを持っている。これぞ現代中国の農村スタイル。パシャパシャと写真を撮りまくられるうちに、ハシモトさん本人もその気になって、ドレスの裾を持って可愛らしくクルクル回ってポーズを決めたりしている。

「どうだろう? うちの村に嫁入りしては?」

と真顔で村長に勧誘されるハシモトさん。東京での人生に悩む編集女子が、リスの村で白

酒を醸す。人生それもありではないか。

ひとしきり続いたおじさんの写メの嵐が落ち着いた後は、今度は女性たちがふだんしまっている衣装を家から引っ張り出して盛装し、ハシモトさんとツーショットで写真を撮り始めた。リス族の若い女性が日本から来た女子と並ぶと、若干肌が色黒なだけで、雰囲気がよく似ている。あっさりめの顔の造形や華奢な体格だけではなく、表情や立ちふるまいが近いのだ。特に「はいチーズ！」と写真を撮る瞬間の笑顔のつくり方が印象的で、はにかみ半分、おめかしした誇らしさ半分の笑顔。まるで遠く離れた親戚に会ったかのような感覚だ。

そして宴もたけなわ。日が落ちて暗くなる頃には、我ら発酵ツアー一行は後ろ髪引かれる想いで次の場所へ向かった。「またおいで」と手をふるお母さんたち。僕のズボンのポケットとハシモトさんのポーチは村人からもらったどんぐりや栗の実でパンパン。雲南のおとぎの国、ローマ村のリス族……ラブリーすぎる。

リス族の自家製焼酎

翌日。ローマ村の次に向かったのは、同じくリス族自治県内にある同楽《どうらく》村。本章冒頭の、山の尾根に生えたマイタケのような集落だ。

リス族の民族文化が色濃く残されたクラシカルな村らしく、広場にはリス族出身の高名な巫師《ふし》、汪忍波《おうにんぱ》がつくったリス文字の記念碑（農民出身の汪忍波が、後出のナシ族のトンパ文字や漢字を組み合わせた音節文字を考案。文字の読めない農民たちにリス語の重要性を説いた）がある。同行の共産党のコーディネーターによると、リス族は北のチベット族、南のナシ族という有力民族に圧されるかたちで、徐々に金沙江や怒江（サルウィン川）の渓谷部の山中に分散して住むようになったという。端的に言えば、武闘派の豪族たちに平野部から締め出され、人里離れた場所に住まざるを得ない状況になったということだ。歌や踊り、服飾を愛する美意識高めではにかみ屋のリス族が、戦闘力の高いチベット族や、抜け目ない商人のナシ族と競っても勝てる気がしない。

通常の観光では絶対に辿り着かないであろうリス族の集落を散策することにした。斜面に連なる家々は素朴の極みの木造建築。土で基礎をつくり、丸太を積んだ内壁に木板の外壁を貼り、屋根も木板をかぶせて石で重しをしただけという簡易ログハウス方式。豪華かつ頑丈なチベット族の家屋と真逆で、とても異民族との籠城戦はできそうにない（だから異民族が攻めてこないところに移り住んだのだろう）。そのなかの一軒、集落の一番上にある、大きな栗の木のある家の台所から煙が立ち上っている。いったい何をつくっているのかしら？　と覗いてみると、大きな釜でお湯を沸かしているお母さんと目が合った。

「これから自家製の白酒を蒸留するんだけど、飲んでいく？」

その誘いを聞いて、一も二もなく早速お母さんのお宅にお邪魔して白酒づくりの見学をすることに。薄暗い台所に入ると、土むき出しの土間にかまどがあり、そこで直径1m超の大きな釜に湯が沸かされ、金属製の蒸留器がセットされている。ちょうどこれから酒のもろみを入れて蒸留する千載一遇のタイミングに立ち会ったわけだ。

それではここで、発酵ビギナーの読者諸氏のために「そもそもお酒の蒸留とは何か」というところから解説しよう。まず酒には大きく分けて二つの製法がある。一つは醸造酒といって、穀物や果実を醸した液体をそのまま飲むもの。ワインやビール、日本酒などがこのカテゴリーにあたる。もう一つは醸造酒から、蒸留によって高濃度のアルコールを取り出す蒸留酒。ブランデーやウィスキー、焼酎などがこのカテゴリーにあたる。つまり、一度醸した酒をさらに蒸留にかけるという二段階の高度なテクニックなのだね。

では酒を蒸留するメリットとは何だろうか？

・雑味を取り除いたピュアなアルコールを取り出せる
・醸造酒をつくる時の搾り粕を蒸留することで無駄なく酒をつくれる

大きく分けるとこの二つだ。醸造酒はつくってしばらくすると酸化したり雑菌が入って味が劣化してしまうのだが、蒸留酒は腐りにくく味が劣化しない。バーの棚にずらっとウィスキーやブランデーの瓶が常温の環境下に並んでいたりするが、あれは蒸留酒だからできる技だ。長期熟成したワインも、一度栓を開けて空気に触れるとどんどん味が劣化していく。雑《ざつ》駁《ぱく》物を取り除いてアルコール度数を高めるメリットは他にもある。アルコール液は水よりも香りを閉じ込める力が強いので、官能的な香りを楽しむことができる。3000円のウィスキーと1万円のウィスキー、味はそこまで違いはないのだが、香りが圧倒的に違う。この香り高さが蒸留酒の嗜好品としての価値を高めている。

かつて酒が貴重品だった時代は、醸造酒のもろみを再利用する文化があった。日本でも粕取り焼酎という、日本酒のもろみを搾る時に出る酒粕に残ったアルコールを蒸留する酒があった。現代においても、ブドウの搾り粕を使ったグラッパのような粕取り酒の文化が残っている。

つまり、「とにかく酒が飲みたい、腐らせたくない！　なんならカーッと一発で効く強いヤツを飲みたい！」という酒飲みの願いが蒸留酒の文化を生んだのだ。

では次に蒸留とはいかなる技術なのかを簡単に解説しよう。蒸留とは、水とアルコールの沸点（気化する温度）の違いを利用して、醸造酒のなかにある数%～20%程度のアルコール液を優先的に取り出していく作業のことだ。

水の沸点はご存じの通り100℃だが、アルコールの沸点は約78℃。酒のもろみに熱を加えると、水よりも先にアルコールが蒸発を始める。この気化したアルコールを冷やすと、水とアルコールを分離することができる。これが蒸留のアウトライン。この原理で言えば100%のアルコールを分離することが可能なのだが、実際は一回の蒸留で取り出せるのは元となる醸造酒のもろみの3~4倍程度のアルコール濃度だ。この不完全な液体に原料の酒の香りや味の成分が残留する。この残留物が蒸留酒の個性になるのだね。

手づくりの味わいを大事にする高級蒸留酒は、1~3回程度の蒸留回数がほとんど。19世紀以降になると、複数の蒸留器を連結した連続蒸留器が開発され、効率よく何度も蒸留を繰り返し高濃度のピュアなアルコール液を取り出すことができるようになった。この技術を使ってできるのが、スーパーで大きなペットボトルで売られている安価な焼酎やホワイトリカーだ。

「あれ? でも焼酎でもウィスキーでもホワイトリカーでもアルコール度数40%もないよね?」

これは取り出した液体を水で割って薄めているんだね。例えば焼酎や泡盛のもろみを蒸留すると、度数50~70度もあるめちゃ強いアルコール液が出てくる(これを初垂《はなた》れと呼ぶ)。そのまま飲むと喉が焼けてしまうので、水で割ってマイルドな飲み口に調整しているのだ。

現代的な蒸留技術を使えば雑味のない高濃度アルコール液がつくれるわけなのだが、ピュアなアルコールは、要は消毒液みたいなもので美味しくないし、身体にも良くない（というかそのまま飲めば急性アルコール中毒を引き起こす猛毒だ）。不完全な蒸留だからこそ、味わいや香りが残留する。この蒸留の微妙なさじ加減がクオリティの肝。結果的に、酒好きが好む蒸留酒は現代的な連続蒸留器の生まれる以前の、クラフトの技術を使ったものになるわけだ。

さて、この集落で偶然巡り合った焼酎の蒸留現場で、チベットのビヨンセに聞いてもわからなかったチベット族の酒づくりの実態が明らかになった。以下リスのお母さんに習った製法を記していく。

まず蒸留するもととなる醸造酒のもろみ。ハダカムギやトウモロコシ、コーリャンなどを蒸煮してビシャビシャに溶けた状態にすることからスタートする。このビシャビシャの穀物に、発酵のスターターとなる麹のパウダーを振りかける。ビヨンセが持っていたのがこれだ。パウダーをまぶしたビシャビシャ穀物を甕に詰め、数週間〜2ヶ月ほど発酵させる。すると穀物がブクブクとアルコール発酵を起こし、ドロドロに溶けて最終的にはどぶろく状のもろみになる。このもろみをお手製の蒸留器にかけていくわけだ。

ここでこのローカル白酒と、日本の焼酎を比較してみよう。焼酎醸造の基本は、まず蒸した米に種麹をかけて保温し、米麹（糀）をつくる。この米の麹を水に溶いてつくった甘酒にイモやムギ、黒糖などの原料を足してアルコール発酵を促してもろみにし、蒸留する。白酒と焼酎を比べて大きく違うのは、麹の扱いだ。日本では独立した工程で麹を別途つくり（この工程を製麹《せいきく》という）、さらにイモなどの原料とあわせてもろみにしていく。しかし雲南式の白酒では麹をつくる工程がない。穀物に直接菌をかけて、麹の発酵とアルコールの発酵を同時に進行させていく。

「えっ、酒の発酵にいくつも種類があるの？」

そうなんだよ。これは東アジアの酒特有の事情。まず、アルコールは酵母が、エサとなる糖分を食べる時に副産物としてつくられる。ワインの原料となるブドウには糖分が豊富に含まれているので、ブドウジュースにドライイーストをかけると勝手にシュワシュワ発酵し、アルコールが生まれてワインになってしまう。しかしブドウのような果実と違い、米やイモ、ムギなどの穀物には糖分が含まれていないので、直接アルコール発酵させることができない。そこで、東アジアではカビを使って穀物のでんぷん質を糖分に変換し、カビ由来の糖分を酵母によって食べさせる「菌のバトンリレー」を行う。日本の焼酎も雲南の白酒も、この東アジアスタイルの発酵バトンリレーでもろみをつくる。

それでは今回わかった日本式と中国式の違いはなんだろうか？　麹と酵母の発酵を別立てで行う日本式と違い、麹も酵母も一緒くたに発酵させるのが中国式。これは日本と中国のカビの種類の違いにあるようだ。日本のカビはニホンコウジカビと言って、水田に棲み着いている、繊細なカビだ。他の菌と競争をすると負けてしまうことがあるので、日本では数百年前からこのカビを分離し、麹づくり専用のスペース（麹室《こうじむろ》という）をつくって他の菌が入り込めない環境で麹をつくる。つまりニホンコウジカビは箱入り娘のような微生物で、こいつだけを甘やかしてあげないとうまく育たない。そんな特性にあわせて、アルコール発酵と麹発酵を分離させているのだ。

ところが、中国の麹はクモノスカビという、主に麦畑などに棲み着いている別種の微生物を使う。このクモノスカビはなかなかタフなヤツで、他の微生物と競争しても負けないしぶとさがある。でんぷん質を分解して糖分をつくるという基本スペックは同じながら、強い酸を出して他の微生物を締め出してしまう特殊能力を持っている。アルコールをつくる酵母は酸に比較的強いので、中国スタイルの白酒においては、

麹菌と酵母が最初からよーいドン！　で二人三脚しながら増殖・発酵していくのだ。

　僕がチベット白酒の現場で抱いた「なぜ麹をつくらずにもろみを発酵させられるのか？」という疑問は、日中のカビの特性の違いから来るのだね。人間と同様、カビも微妙な性質の違いで文化を分岐させていくのだ。実に興味深い。

「お母さん、麹について聞いていいですか。この村は街から離れているから、種麹を外から買うのは難しいのではないですか？」

「そうなのよ。だから種麹も集落でつくるのよ」

　お母さんは村で収穫したハダカムギやコーリャンなどを、その時々によってブレンドして蒸して甕に仕込み、自家製の種麹でもろみを発酵させていた。そして問題はその自家製種麹の詳細だ。まさかローマ村の謎の「草」がここでも使われているのか……。

「うちの白酒はね、お父さんが採ってきた草を使って麹をつくるのよ」

　やっぱり！　それは一体何の草なのか、教えてプリーズ。

「夏の終わりから秋のはじめに、集落から山を登って標高３０００ｍを越えた山奥に、竜胆《りゅうたん》草《そう》という漢方薬が生えるの」

　そう言って、スマホで件《くだん》の草の画像を見せてくれた。ウソみたいにケミカルな紫色をした、ＲＰＧで死人を蘇らせる時に使いそうな草だ。

「この竜胆草を摘んできて、天日干ししたものを挽いて水と麦の粉と混ぜて餅状にするの。

そしたらカビが生えてきて麹になる。その餅を砕いて粉にして穀物に振りかけるのよ」

麦で練った餅状の麹の製法は何度か見てきたが、漢方配合の薬草麹に出会ったのは初である。おそらくこの竜胆草には、糖分のもととなるでんぷん質や、雑菌の繁殖を防ぐ抗菌作用があるのだろう。この付近のリス族の村では、漢民族のシンプルな麦の餅麹でもなく、日本の粒状の米麹でもない、薬草を配合した麹パウダーをつくるという第三の文化を山中で育んできたのである。

「うちの集落のお年寄りには、漢方薬に詳しい人がけっこういるのよ。竜胆草だけじゃなくて、冬虫夏草《とうちゅうかそう》（菌類が虫に寄生したレア漢方薬）も山に採りに行ったりして、高く売れるのよ」

とお母さんは言う。発酵×漢方薬の複合技術が、リス族の健康の源なのだ。

プリミティブ蒸留に見る蒸留酒の起源

謎の漢方麹をスターターにして醸したもろみ。ちょっと舐《な》めさせてもらったら濃厚に甘酸っぱい甘酒フレーバーだ。日本式の焼酎では麹と原料に水を足してもろみをつくるのだが、雲南スタイルでは加水なし。クモノスカビの力で、加水するまでもなく穀物がドロドロに溶けて半液状になってしまうようだ。水で薄めないもろみ、これすなわち、アルコール度数ウルトラ特濃のヤバい酒ということだ。

いよいよ蒸留の工程に入る。お母さんが甕から蒸留器のなかにもろみをドバッと投入する。

「蒸留器、とざっくり言われても困る。それはどんなものなのだね？」

という読者諸氏の戸惑いが見えるので、こちらも説明しておこう。僕が辺境リスの村で目の当たりにした蒸留器は、端的に言うとアジア式蒸留文化の原型を体現したプリミティブなものだったのだな。

人はとかく文明を東西で分けたがるが、蒸留技術も例外ではない。美酒を嗜む紳士淑女の蒸留器のイメージは、ウィスキーの蒸留所のポットスチル。アラジンの魔法のランプのような形状の蒸留器だ。特徴は頭部が凸状に膨らんでいて、ここに滞留したアルコールの蒸気を冷却器に接続された管に排出し、外部のタンクに液体化したアルコールを溜めていく。この頭部が凸状のカタチをした蒸留器が西洋起源。

対してリスのお母さんのお手製蒸留器は、頭部が凹状にへこんでいて、この凹みに冷水を入れる。釜内の火で蒸発したアルコールの水蒸気が冷やされて、凹みの下に接続された取水器に落ちて蒸留器の外についた管からポトポト垂れていく。この凹みで受け止める蒸留器がアジア起源。つまり西洋式ではアルコール液を蒸留器の「外側」で取り出し、アジア式では「内側」で取り出す。後者のほうが圧倒的にシンプルでわかりやすい構造だ。冷却もそのへんの水を適量汲んでくればいいのでお手軽。細かい話だが、蒸留器の中ほどには甑《こしき》がついていて、もろみをドバッと投入すると、液体部分が甑の下に、固体部分が甑の上に分離し、釜の火と接する部分が焦げ付かなくなる便利仕様になっている。カビを介して発酵させるお粥状のもろみの蒸留に特化したアジア式蒸留器を「甑蒸留器」と言う。リスのお母さんがＤＩＹでやっていたのは、この甑蒸留器方式によるアジア式蒸留の原初的なカタチだったのだ。

かつて鹿児島のさつま焼酎の蔵を訪ねた時に、日本でも江戸時代にはこのようなシンプルな甑蒸留器で焼酎をつくっていたことを知った。「かぶと釜蒸留」と呼ばれ、金属が貴重だった時期には、木桶の上に凹状の水鍋をかぶせて蒸留していた。

ディテールにこだわり出すとただのオタクの戯言なのでここまでにしておこう。僕がなにを言いたいかというとだな。今僕たちが立ち会っている蒸留光景が、東アジア全域で行われていたであろ

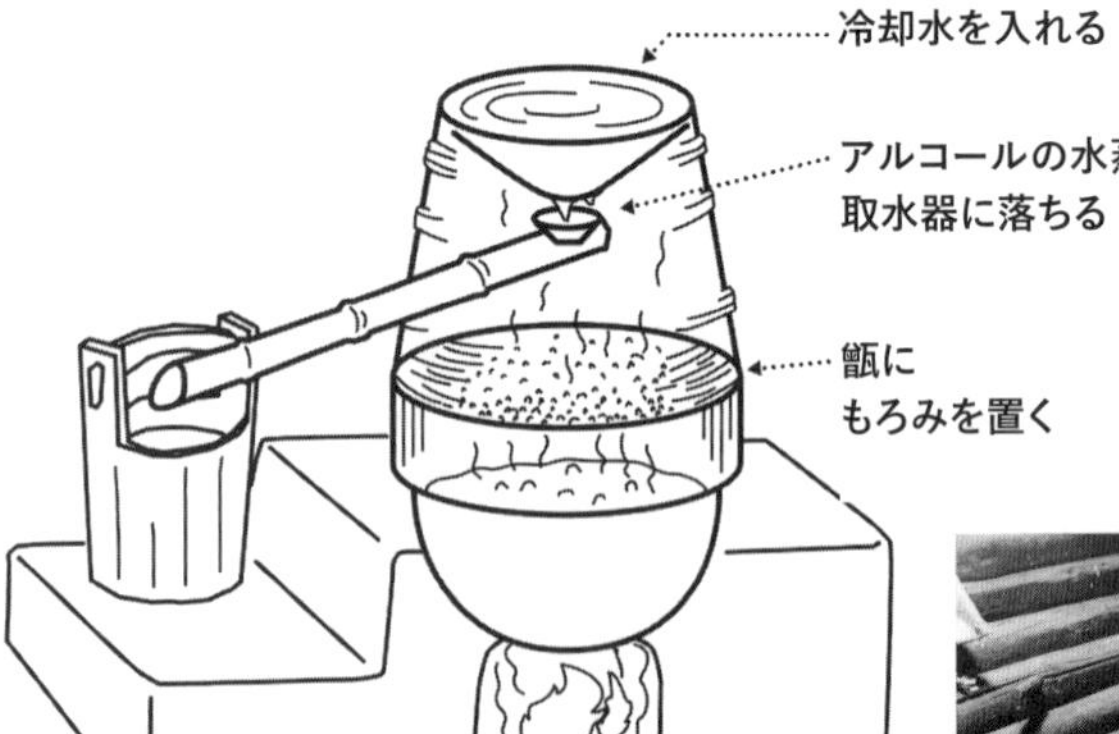

かぶと釜蒸留器内の略図

う最もクラシックなものなのだ。麹をスターターに穀物を醸したもろみ。これを少量かつ手仕事で蒸留するにはこのスタイルが一番シンプルで再現しやすい。より大量に効率よく蒸留するために、ポットと冷却器を分離したり、複数の蒸留器を連結させたりと高度なバリエーションが生まれたが、科学的知識も工学的知識も不要なシンプルな甑蒸留器は、黎明期の焼酎文化を各家庭に普及させる原動力になったはずだ。だって、どぶろくを醸してこの蒸留器にかければ、誰にだって焼酎的なものができてしまうのだもの。

土間を走るニワトリがコケコッコー！　納屋でごろ寝する牛がモォーとのどかに鳴いているあいだ、蒸留器がじわじわと熱されていく。やがて30分ほど経った頃だろうか、管からポトポトと液体が落ちてきた。最初はあまりにも少量すぎて、まるでポットがさめざめと泣いているようだった。やがて岩のあいだからしみ出す湧水のように、ちょろちょろと透明な白酒の新生児が器にこぼれおちていく。と同時に梨のようなたおやかな甘い香りがあたりに満ちていく。器にアルコール液が溜まっていくごとに、なぜか世界が静寂に満ちていく。その様子を嬉しそうに見つめているお母さんと目が合う。

（……そろそろ飲むかい？）

（……ごっつぁんです！）

洗面器のような器から、大ぶりの茶碗で白酒の初垂れをざばっとすくう。１００mlくらいはありそうな高濃度アルコール液を「さあお飲み！」と僕に差し出し、外に出るよう誘《いざな》うお母さん。そして扉の前に立つと、山に向かってやおら歌い始める。楽しそうに身体をゆらしながら、甲高い声音で、リズムの効いた、それでいて哀愁の漂う不思議な節回し。そして突然ピタッと歌い止む。

（ほら……今、飲み干すのよ！）

目配せされて、ショット3杯ぶんの白酒を一気飲み。蒸留したての一番濃い部分、アルコール度数50度は軽く超えていそうだ。喉が焼けてしまうのか？　と思いきや、香りだけでなく味まで甘くマイルドで、スッと喉の奥に落ちていく。そしてまたお母さんが歌い始める。リス族に伝わる、歓酒歌だ。客人をもてなす時も、デートを申し込む時も、家族に不幸があった時もリス族はみんなで集まって歌って踊る。標高３０００mの高山で。

高山病と一気飲みでぐるぐるまわる視界の向こう側。山脈の皮膚に刻まれた深い皺のような谷間を隔てて、この村と同じような、小さな畑や集落が見える。直線なら数キロメートルのあの村に行くためには、断崖絶壁を登って川を渡り、そしてまた絶壁を登り……と命がけの旅程になるのだろう。

アジアのほんの小さな一角に寄り集まっているのに、リスの人々は天と地に隔てられて離れ離れだ。身体は飛んでいけないけれど、歌は谷を飛んでいく。酒は身体を縛る大地の重力を、ほんのひと時だけ軽やかにしてくれるのだ。

第3章：アジアのローカル豪族を訪ねて

無数の山奥の小集落からなるリスの世界を南下すると、標高５６００ｍの霊山、玉龍雪山《ぎょくりゅうせつざん》に抱かれた茶馬古道屈指の雅な古都リージャン（麗江）市に辿り着く。

水路沿いに優雅な装飾の美しい木造建築が立ち並ぶ旧市街は、１９９７年にユネスコの世界遺産に登録されている……とよくある観光案内的な説明をすっ飛ばして僕の率直な感想を言うと、ここは雲南の民族文化をダシにしたテーマパークだ。

麗江古城と呼ばれる旧市街に入ると、夜は照明ギラギラ、ナシ族の民族文化と全く関係ないバティック（染布）もどき、ジャンベ（太鼓）、１００円ショップに売ってそうなファンシー雑貨などを売る露店がひしめき、飲食店らしき店を覗いてみると、中はミラーボールとスモークとレーザービームがビカビカ光るダンスフロアになっている。かかっているダンスミュージックの絶妙なダサさと、踊っている人のノリから判断して、クラブではなくディスコと言ったほうがしっくりくる。街の外見こそ格式があるが、中身はチープで俗っぽい。原宿の竹下通りと同じようなテンションなのだ。

ナシ族のデザインセンス

「ナシ族は商売人なんですよ。昔からの所有物件を、漢族や外国人にテナントとして貸し出して儲けているようです。だからこの旧市街にはナシ族はほとんど住んでいない」

耳をつんざく爆音で中華ディスコが鳴り響くバーで、ハイネケンをピッチャーで飲みながら宮本さんが苦笑いする。シャングリラから入ってリスの集落をまわる最中、ハイネケンのような見知ったビールにはついぞお目にかからなかった。雲南の街場の食堂では雲南ローカルの大理ビールや風花雪月、中国TUBORGなどの、まず日本では目にしない、アルコール度数3%の薄いビール（日本のビールは5～6%）を常温でチビチビ飲むスタイル。さらに「村」にいくとその常温ビールすらなく、最初から最後まで強烈な白酒を乾杯しまくる習わしだ。そんな雲南のリアルローカル飲酒地帯をくぐり抜けて久しぶりにありついた、パキパキに冷えた薄くないビールはめちゃ美味しい。ここリージャンには近代資本主義が容赦なく侵入している……しかもかなりのあざとさで！

資料をあたってみると、古都リージャンの主であるナシ族は、古代殷・周の時代に生贄《いけにえ》としてヒドい目にあった牧畜民族、羌《きょう》族の末裔がチベット高地から南下してきた民族だという。数こそ約30万人とリス族より少ないものの、8世紀に成立した雲南初の統一国（南詔《なんしょう》国）の時代からローカル豪族として独自の勢力を持ち、モンゴル元王朝の時代には、北方の遊牧文化と漢民族の中華文化の橋渡し役として重用されたようだ。中世から他の民族に先駆けて積極的に漢族の文化を取り入れるいっぽう、トンパと呼ばれる独自の信仰も保持している、器用で立ち回りのうまい民族だ。

ナシ族発祥の文化でいうと、日本では広告デザインで著名な浅葉克己さんが惚れ込んだ「トンパ文字」が有名。ナシ族独自のユニークな象形文字だ。近代になるまで文字を持たなかったリス族とナシ族の運命の違いは、1000年以上前から独自の文字文化を持っていたことからも窺い知れる。自分たちのアイデンティティを確立しつつ、外来のものを柔軟に受け入れ、伝統のなかで使えそうなものはとことん使い倒す。その結果、雲南では強者のみが住める貴重な平野部をゲットし、チベットや四川、東南アジアとの貿易拠点として壮麗な都を築き、現代に至っては旧市街をまるごとディスコに改造して外貨を稼いでいる。世界遺産に関係なく、このナシ族のしたたかさは現代でも健在だ。

そんなナシ族の都、リージャン。1週間ほど辺境のディープ発酵文化を巡ってきた後に来てみれば、快適に過ごせて、かつ適度に異国情緒にひたれるちょうど良い塩梅《あんばい》の民族テーマパークだ。常温のストロング焼酎ではなく冷たいビールが飲めて、ホテルではシャワーからちゃんとお湯が出るし、トイレも水洗。エキゾチックな街並みを、昼に歩いてオシャレな茶館で中国茶を飲み比べするもよし、イマドキのカフェでカプチーノを飲むのもよし。夜に歩いて賑やかな屋台で買い食いするもよし、ディスコで踊り倒すのもよし。上海や南京に行くより圧倒的に異国感があるし、物価も安いし、フツーに観光するなら最高の街なのである。

全てにおいてちょうどいい塩梅のリージャン、国外からはアクセスしにくい立地なのもあって、歩いているのは圧倒的に中国人観光客。雲南の「国内の外国」という古来からのアイデンティティの象徴だ。

高山病を落ち着けるために、1日オフにしてリージャンの旧市街を散歩することにした。最初は商売魂あざとい街だなという印象だったのだが、商店やホテルをじっくり見てみると、現代中国のデザインセンスがうかがえて面白い。店の看板や売り場に並んでいる商品のパッケージ、建物のサインなどにはポップなデザインの漢字がレイアウトされている。

開けた広場に出ると、おそらく抖音（ドウインと読む。TikTokの中国版）の撮影中なのだろう、派手派手なファッションに身を包み、ピンクや水色のかつらを被ったカップルがポーズを決めている。そのファッションもチャン・イーモウの歴史映画に出てきそうな伝統衣装風。レイバンのサングラスを着けて、大きな扇子を持って通行人の注目を集めている。

才貌双全

日本では若者のお洒落といえば、アメリカやヨーロッパから来たトレンドを取り入れるのが主流（少なくとも僕が20代の時はそうだった）。ハリウッドの俳優、あるいはＨＩＰ-ＨＯＰのラッパー風などのファッションで、横文字の名前のブランド品を手に取る。しかし現代中国、ここリージャンでは、若者たちはオールドファッションをデフォルメして「外からトレンドを借りないお洒落」を表現してしまう。チャイナドレス最高！　漢字最高！　なのである。日本人からするとキメキメでちょっと気恥ずかしかったりするが、あくまでも自分たちの文化を世界の中心に据えるハートの強さは見習うべきものも多い。

猥雑《わいざつ》でポップで衒《てら》いのない現代アジアのストリートカルチャー。慣れてくるとめちゃ楽しくて刺激的ではないか！

トンパ味醂《みりん》との出会い

「郊外にナシ族古来の酒蔵があるらしいんですが、行ってみませんか？」

お昼過ぎ、すっかり観光客気分でカフェでくつろいでいたら、宮本さんの知り合いから耳寄り情報が届いた。

「気になりますね。どんなお酒なんです？」

「どうやらね、おなじみの白酒ではなく、もっとお洒落なお酒みたいですよ」

ナシ族のお洒落ドリンク、それはぜひ見てみたい。

さっそくオフタイムを切り上げて、リージャン旧市街から車で郊外へ向かう。ピカピカのテーマパーク観光地から、土壁の古い屋敷が軒を連ねる古風な街へ。

そして20分ほどすると土埃《つちぼこり》の舞う田舎道へと景色が変わっていく。風のよく通る平野には、タバコ畑や麦畑、トウモロコシ畑が続いている。過酷な荒野のチベット世界、度外れた山奥のリス世界から比べると圧倒的にほっこりした雲南中部の田園風景。そんな平和な田舎にあらわれるナシの酒蔵。さぞや風情のある伝統建築なのだろうと思いきや、あれれ、思ったより立派な工場だぞ？


出迎えてくれたのは40代後半と思《おぼ》しきナシ族の夫妻。醸造担当の旦那さんはいかにもエンジニアっぽい眼鏡をかけたおっとりした風貌、マーケティング担当の奥さんは眼力が強くおしゃべりで快活な、ナシの商売人の雰囲気だ。

「うちでつくっているのは窨酒《インジュウ》という酒です。５００年以上の歴史を持つ地酒で、祝いの席で飲む特別なものだったようです」

と旦那さん。艶やかな琥珀《こはく》色に輝く液体をひとくち飲んでみる。アルコールの辛味の前にまず感じるのは、肌理《きめ》の細やかな甘味。キャラメルのようにねっとりとした質感が、バラの花の香りとともに舌の上で溶けていく。そして特筆すべきは余韻。甘味がスッと消えることなく、喉の奥で心地よく持続する。この甘さは、清涼飲料水の砂糖由来のそれではない。甘酒のような麹の発酵由来のまろやかさと優しさ……この感じ、知っているぞ。

もしかして……味醂？

果たして僕のこの直感は正しかった。製造の現場を見てみるに、この窨酒は日本の味醂の源流のようなものなのだ。基本原理としては、白酒（焼酎）の応用編。麦を主体にした穀物を蒸煮し、カビをつけて甕に詰める。1～2ヶ月ほど発酵させ、ドロドロに溶けたどぶろく状のもろみをつくる。ここまではチベット族やリス族の白酒と同様だ。次のステップ。このもろみに、前もって蒸留しておいた白酒を混ぜて数ヶ月熟成させる。つまり同じ原料の醸造酒（どぶろく）と蒸留酒（白酒）を混ぜるという方法論だ。

発酵好きならおわかりだろう。これは米からつくられる、甘酒と焼酎を混ぜ合わせてつくる日本の味醂と同じ原理なのだ。

伝統的な味醂（本格味醂という）は、米麹をスターターとしてつくった甘酒に、焼酎ともち米を混ぜて仕込む「甘酒と焼酎のブレンド液」だ。アルコール発酵したもろみは甘くて美味しいのだが、腐りやすくて品質保持ができない。そこに度数の強い蒸留酒を加え、高アルコールで雑菌をブロックする（抗菌スプレーの主原料が高濃度アルコールなのと同じ原理）。結果的に甘味をキープしたまま長期間の熟成が可能になり、高級なデザートワインのような酒ができる。

「つまり味醂は調味料じゃなくてお酒ってこと？」

米だけでつくった本格味醂のパッケージを見てほしい。アルコール度数12〜13％とあるはずだ。機会があれば、試しにロックで本格味醂を飲んでみてほしい。まろやかなうま味のあるスイートワインのようで実に美味しい。日本の味醂も江戸時代には、高級なデザート酒として珍重されていた。それが現代になると、甘味のある料理酒のような位置づけに変わっていくのだね（なおスーパーで売っている廉価品は、醸造アルコールで味を延ばしたものや、そもそも麹を使わずアミノ酸や糖分を調合してつくった味醂風の調味料が多い）。


「日本でも同じようなお酒が調味料として使われています。この窨酒はどうですか？」

「窨酒はお酒として飲みます。結婚式やお祝いのギフトで好まれるんですよ」と旦那さん。

なるほど。僕は雲南の地で日本の味醂の原型のようなものに出会ってしまったわけだ。味醂もかつては祝いの場で好まれた、高貴でスイートな嗜好品だったのだろう。興奮のあまり、僕はこの酒を勝手に「トンパ味醂」と名付けた。

このトンパ味醂、ラベルを見ると日本の味醂の3倍近いアルコール度数34度と、かなり強い酒だ。しかし食用バラの香りを添加してあり、官能的な香りと甘味のせいもあってか、飲み口ライトでジュースのように飲んでしまいそうだ……というかここだけの話、僕は味醂もキッチンでこっそりロックとかソーダ割りで飲んでいるんだけどね。

日本の中規模の酒蔵くらいはありそうな、それなりの大きさの工場なのだが、見学自体は10分もかからずに済んでしまった。それもそのはず。工場のごく一部しか稼働していないのだ。仕込みは数週間に一度らしく、そして熟成タンクはほぼ満杯。

「あれ、もしかしてそんなに売れてない？」

それとなく探りを入れてみる。やはり在庫はダブつき気味。奥さんは販路開拓に頭を悩ませているらしい。よくよく考えてみると、大きな工場に夫婦二人しかいないではないか。家族経営の小さな蔵に、どうしてこんな立派な設備が？　と疑問に思っていたら、宮本さんが言う。

「この工場、政府からの補助金が出てますね」

近年、雲南省の小さな自治体では、ローカル物産品開発政策が共産党から推奨されている。他の地域にない食品や工芸品をつくっている小さなメーカーにけっこうな補助金が出る（そして役人がキックバックにありつくらしい）。この構造によって、需要と供給を無視した工場設備や不動産の投資が行われ、箱だけは立派になったけど、一体誰が買うの？　という事態が続出しているそうだ。今回の旅では、本書では取り上げられなかったいくつものメーカーや工場を訪ねたが、そこでも同様の「仏作って魂入れず」のトホホな事態を何度も見た。

僕は20代の前半から30歳頃まで、日本の地方での伝統産業や環境の問題をデザインで解決する「ソーシャルデザイン」と呼ばれる領域でデザイナーとして仕事をしてきた。そのなかで数え切れないほどローカルのものづくりに関わってきたのだが、今雲南で起きているこのローカル物産品推進政策は、かつての日本の地方の状況を思い起こさせるものがある。

例えば地ビール。バブル期の前後、大手の寡占状態にあったビール業界では、行政が製造免許取得のハードルを下げて地方自治体に補助金を出し、日本各地にまちおこしとして地ビール蔵が雨後の筍《たけのこ》のごとく生まれた。しかし設備だけは立派なものを入れたものの、レシピも未熟で値段の高い地ビールは道の駅にポッポツ置かれるぐらいでバブルが終焉《しゅうえん》して地方自治体に予算が回らなくなると、あっという間に淘汰《とうた》されてしまった。今でもほんの少しだけ残っている、設立20年以上の地ビール蔵はその淘汰を逃れた実力派のレジェンドブリュワリーなので、リスペクトの念を込めて飲むように！

地ビールを典型例として、ハード主体のまちおこしは21世紀に入って必ずしも地域のためにならないことがわかってきた。立派な箱ではなく、ユニークな中身が大事！という文脈から出てきたのが僕の関わっていたソーシャルデザインだ。いきなり工場とか建ててしまう前に、その土地にどんな歴史があり、どんな生業があって、どんな作物や原料があったのかを調査する。そしてその土地の文脈に沿ったかたちで商品のネーミングやパッケージや宣伝方法や流通を考えて、場合によっては見た目のデザインだけでなくその土地のコミュニティづくりにまで関わることで、共感してくれる人たちに商品や文化が深く伝わるソフト戦略に投資するのが、長い目で見てその土地の産業の足腰を強くするために大事なのだ。

ところがハード投資に比べて、ソフト投資は大した額の予算がつかないので、当時僕のようなソーシャルデザイナーはみんな食うや食わずの状態だった。地方創生の政策が始まってからは大手の広告代理店やシンクタンクが一斉に入ってきて、ややうさんくさいバブルになっている。ハードでもソフトでも、まちおこしはすぐ既得権益と結びついてしまう。

雲南省でも同じような事態になっているのだろう。家族経営で昔ながらの手づくりで商品をつくってきたメーカーに、突如巨額の補助金が下りてくる。役人の言う通りに近代的な工場をつくって、ちょっとした博物館や迎賓館をつくって、妙に壮大なプロパガンダっぽいプロモーション映像をつくって……それ、商品を買ってくれるお客さんのためじゃない。向いている方向がマーケットではなく、役人、もっと言えば共産党なのだ。

そもそも中国共産党は農民の革命から生まれた。そうである限り、いくら北京や上海のメガシティが発展しようと、党のスローガンは農村の生活向上である。これが建前となって、各地の村に、かつての日本で言うところの「一村一品運動」が推進される。こうして不釣り合いな大工場や土木工事が行われるわけだが、これもまた地方の役人へのリベートの機会として使われているのだろう。

雲南の村の役場の屋上には、バカでかいプロパガンダの看板が掲げられていて、そこには「北京を見ろ!」と習近平国家主席のメッセージが示されていた。北京を見たら補助金出るよということなのだ。やれやれ。

とお茶を飲みながら、事務室でナシのご夫妻に僕のこれまでの身の上話などをしていたら、特に奥さんが「うんうん」と共感してくれたようだ。娘さんは現在アメリカの大学で醸造学を学んでいて、いずれリージャンに戻って蔵を継ぐのだという。奥さんと同じく、きっと娘さんもナシのバイタリティ溢れる魅力的な人で、アメリカからクラフトビールの醸造とかやっている若者をパートナーとして連れてくるのではないかと想像してしまった。やがて娘さんとタトゥーの入ったヒップスターみたいなパートナー（僕の勝手な想像だが）が販促拡大し、10年後に僕たちがここに戻ってきた時は、さらにデカい工場が建っていたりして。

日本の味醂の源流を雲南で発見し、中国の雑なまちおこし政策に唖然《あぜん》としながらトンパ味醂の工場を後にした。帰りの車中で、宮本さんのメールボックスに蔵の奥さんからのメッセージが入った。

「さっき来たデザイナーさんなんだけど、うちのブランドづくりとか興味あるかしら?」

これぞ1300年以上の動乱を生き抜いてきた、ナシ族の商才。あっぱれ!

麗しのダーリーの裏側

柔らかなグレーがかった空の下、白壁の続く街並みを歩いていく。壁にはアラベスクのような幾何学模様や、四季の自然を写した水墨画が、同じくブルーグレーで彩られている。白と藍鼠《あいねず》の人間世界の頭上には、霞のなかに輝く標高4000mの蒼山《そうざん》。雲南中西部に位置するもうひとつの古都、ダーリー（大理）はどこを見回しても白と青のニュアンスカラーのシックな街だ。やがて朝靄《あさもや》が晴れ、通りのそこかしこから一日の支度を始める音が響いてくる。窓からやかんで湯を沸かす音、そしてお茶の香りと湯気が立ち上ってくる。

ディスコの爆音で騒がしいナシ族のリージャンと対照的に、ペー（白）族の都、ダーリーは穏やかでゆったりした別世界である。雲南の旅が始まって以来、見知らぬ異世界の連続で浮き立っていた気持ちが静まっていくようだ。

ナシ族の古都リージャンからほぼ真南へ200kmほど行くと、雲南省大理ペー族自治州の県級市、ダーリーに着く。8～9世紀に栄えた雲南初の統一国、南詔国の首都があった古都である。日本でたとえれば京都にあたる（ナシのリージャンは大阪だろうか）。山脈の連なる雲南では貴重な平野部に位置するにとどまらず、洱海《じかい》という大きな湖まで隣接した超一等地。

ほとんどの平野部を明朝以降に漢族が押さえてしまったなか、一等地ダーリーの平野を保持し続けるペー族は雲南を代表する地方豪族と言っていいだろう。というより、中国ではあまりお目にかからないシックな美意識は貴族、雲南ローカル貴族である（豪族は、お隣りリージャンの商売上手なナシ族を呼ぶのにふさわしい）。

そんな麗しのペー族の都ダーリーに入る前に、ハシモトさんはタイムアップ。リージャンで買ったファンシーなお土産をどっさり抱えて無念の帰国である。小瓶のトンパ味醂を箱で持って帰り、担当している旅行誌の読者プレゼントにするという。僕の本を担当していた時は右も左もわからない新卒社会人だったのに、すっかり立派な編集者になったものよ……。

「ヒラクさん、道中酸素ボンベ切らさないでくださいね」

と言い残し、恨めしそうな顔で中国に別れを告げたのだった。

ナシ族と並ぶ、雲南の古豪ペー族。かつて南詔国時代に漢民族の文化の影響を強く受けたと歴史の本にはあるのだが、実際にダーリーを訪れてみると、中華の世界観を別の美意識に昇華させたような、洗練された美的宇宙が広がっている。前述した、白と藍鼠の色でまとめられた街並みがその典型。白地を基調に、紅色と青色でアクセントをつけた、ゆったりした女性たちの民族衣装は、極彩色のリス族やチベット族の衣装と違って目に優しい。

そう、ペー族の文化は「優しい」。

「どうだどうだ」「まいったかまいったか」「コノヤロコノヤロ」と椎名誠風にゴリゴリ押してくるような圧の強さがなく、ゆったりまったり、淡味かつ繊細な雰囲気だ。それなりに都会なのにギラギラ、せかせかしていない。まことに麗しい街よ……とうっとりしてしまう。

でも待てよ？　雲南省は近代以降、文化大革命をはじめ、日本やフランスとの植民地戦争の前線となった厳しい時代を何度も経ているのに、なぜこんなにも優雅な伝統をずっと維持できたのだろうか、と疑問が湧いてきた。

実は1980年代頃までは白い街並みこそ同じだが、もっと素朴な街並みだった。寺院や地主の家だけでなく、一般家庭や小さな商店の壁までピカピカに装飾された今の街並みは、80年代以降に観光推進のためにデフォルメされたものらしい。毛沢東の時代が終わり、国境が開放されるなかで、雲南省でも海外客の誘致が始まる。そして1992年、鄧小平の有名な「南巡講話（注）」をきっかけに上海や深圳で市場経済が勃興。余裕が出てきた中国国民（主に漢族）の観光への気運が高まり、中国国内にありながらエキゾチックな雲南が、まだ海外に出にくかった時代の観光対象になったのだった。

そこから中央共産党と地元の少数民族のエリート官僚たちが結託して雲南主要都市周辺の「民族文化のテーマパーク化」が進行していく。自然資源と景観の保護政策が定められ、民族性を強調した建築様式以外建てちゃダメ！　風光明媚《めいび》な自然や施設は壊しちゃダメ！　土地の特産物売るのに助成金出すよ！　とルールが定められ、雲南の少数民族たちはある意味で近代化することを国に阻《はば》まれてしまったと言える。

モダンシティは漢民族のクンミンだけで十分、あとは各自テーマパーク化して観光で稼いでね！　という流れが文革終了後間もなく決まっていたようなのだ（とはいえ鄧小平の時代も終わり、その後2010年代に入って何にもない土地にビカビカの郊外都市がどんどん建っているのだが）。

「伝統は素晴らしい！」と感心していたダーリーの街も、中心部の近代化とともに生まれた民族テーマパークなのだ。確かに家々の風流な装飾は中世の頃からあったの

注：1992年に鄧小平が武漢、深圳、上海など中国南部の諸都市をめぐって、外資導入による経済復興の推進を訴えた講話。

だろう。しかし今僕が見ているのは「ダーリーっぽさ」を人為的に抽出し、培養し、街の隅々まで振りかけた、あくまでデフォルメされたローカリティである。できればボロくてもちぐはぐでもいいので「生の土地の顔」を見てみたい。その時にキーになるのが観光以外のテーマを持つことだ。

その最良の例が「発酵」だったりするのだ。

揚げチーズと手工芸の風景

「ダーリーといえば、揚げたチーズです！」

ペー族ならではのローカル発酵食は何ですかと共産党のコーディネーターに聞いたら、魅力的な答えが返ってきた。ダーリー古城（旧市街）の外れ、住宅街の中にある小さな工場を訪ねてみた。

立派な門をくぐると、大きなパティオ。そこにはよく手入れされた植木が並び、鳥かごや手仕事の道具が吊るされている。モノは多いが、雑多に見えて秩序がある、アジアの典型的なお屋敷にチーズ工房が併設されているという。パティオから中2階へと階段を登ると、数人の女性たちが簡易的な工場にリフォームされた空間のなかで作業をしている。

ここで製造されているのは、ダーリー周辺で13〜14世紀頃からつくられているという、乳扇（ユンセンと地元ペー族の人は呼ぶ）というフレッシュチーズの一種だ。牛乳に酸を加えてタンパク質を凝固させ、繊維状になった乳を湯葉のように薄く伸ばす。この湯葉を揚げておせんべいのように仕上げ、そこに甘いソースをつけて食べる（僕の見学した工場では、食用バラのジャムをつけていた）。ヨーロッパスタイルのチーズとは異なる、軽くて甘いファストフードの趣だ。

普通の食の見聞記ならここでおしまいなのだが、僕は発酵の専門家なので、もうちょっと突っ込んで解説してみよう。まずチーズとは何かについてから。

チーズの基本原理は、家畜の乳を酸っぱくする（酸を加える）ことで、乳に含まれるカゼインというタンパク質を凝固させることにある。酸により液体のなかに溶けて遊離しているタンパク質の分子が接着し連なっていくと、固体としてあらわれてくる。これが乳という液体からチーズという固体ができる原理だ。タンパク質を固めるには、酸のほかにもう一つのやり方がある。中東以西のチーズでは、酸の作用とともにレンネットという、子牛や子羊の四番目の胃袋にある酵素類を活用する。レンネットは乳タンパクを強く凝固させるものとして紀元前にはすでに使われていたようだ。

では次へ。チーズは凝固してすぐのものを食べる「フレッシュタイプ」と、凝固したものをさらにカビ、細菌類などで発酵させた「長期発酵・熟成タイプ」がある。カマンベールチーズやブルーチーズなどは後者で、ペー族のチーズ乳扇は、前者のフレッシュタイプに分類される。

それではネクストステップ。同じフレッシュタイプで、イタリアのモッツァレラとペー族の乳扇を比較してみよう。この2つはわりと似たような方法論でできているので、西と東の違いが見えて面白い。モッツァレラも乳扇もともに、乳タンパクを凝固させて繊維状にして伸ばしたものだ。そして乳の種類。モッツァレラは水牛で、乳扇は黄牛。どちらもその土地の耕作に重宝された家畜、つまり食肉や搾乳に特化したものではない労働用のローカル牛の乳を原料とする。これが共通点。

次に相違点。モッツァレラは繊維状に伸ばした後に丸めて「団子状」にし、乳扇の場合は極限まで薄く伸ばして「湯葉状」にする。モッツァレラではレンネットをベースとして、補助的にごく短時間乳酸発酵を使って乳タンパクを凝固させる。そしてなるべく新鮮なうちにサラダやワインのお供、ピザの具材などにして食べてしまう。

対して乳扇では、レンネットは使わず、半日〜2日ほど乳酸発酵させて酸っぱくなったパパイヤの果汁を使う。なんと！　牛乳に乳酸発酵パパイヤジュースを混ぜて乳タンパクを凝固させてしまうのだ。凝《かた》まりはじめた乳タンパクに2本の竹棒を入れてくるくると巻き取り、薄く湯葉状に巻き取った乳タンパクを洗濯物のように干して乾燥させると乳扇のできあがりだ。この「乳でできた湯葉」を揚げたり炙《あぶ》ったりしてお菓子にして食べる。甘いジャムの乗った、サクサクのチーズせんべい。イタリアのチーズのようにテーブルでワインとあわせてじっくり味わうというより、屋台飯のように街歩きしながら気軽に食べるアジアチーズの面白みが詰まっている。

工場見学が済んだ後、パティオの端っこに座ってぼんやりしていると、真紅と紫の民族衣装に、深い藍色のバンダナを巻いた老女が軒先のベンチに座って黙々と編み物をしている姿が目についた。彼女の背後には唐草模様の木彫が施された窓と、白と藍鼠の上品なツートンカラーのタイル。

老女の周りには、自身で編んだのであろう、貝殻のような円錐形の魚籠《びく》がいくつも吊り下げられている。その光景は、一枚の絵画のように見事に色彩と形態が調和していた。老女の細かく動く指先以外、時間が止まってしまっているかのようだ。街並みの表側、壁や門に施された豪華な装飾は政治によって短期的に作り出せても、その裏側、室内に施された美は外からでなく、内からゆっくりと時間をかけて生み出されるほかない。戦乱や革命、市場開放など大きな出来事が相次ぐあいだも、ペー族の人々は洱海に漁に出るための魚籠を編み続けたのだろう。軒先に吊るされた魚籠には、白壁の水墨画とは違う、土や水から生まれてくる生物的な美しさを感じる。

かつて柳宗悦《やなぎむねよし》が見出した、無名作者の工芸の機能美や飾らない佇まいの品格。ペー族の手

仕事には「民藝」の美が宿っている。それは数百年のあいだ、戸外の政治的動乱から逃れ、中庭で黙々と編み続けた、途切れない時間の豊かさだ。

バンランゲンの沈殿藍

ダーリー市街地の北に、周城という小さな集落がある。ここは植物染めのテキスタイルで知られた村で、日本のものに似た藍染の技術があると聞いて訪ねてみた。意外に聞こえるかもしれないが、日本の伝統的な藍染は微生物を使った発酵による染色だ。発酵技術は食以外にも広く応用されているのだ。

このテキスタイル村、周城に、僕が見たかったリアルローカルの街並みがあったんだよ。整然としつらえられたダーリー旧市街とは対照的に、素朴なレンガ壁に挟まれたくねくね道が迷路のように続き、地面は車の乗り入れがほぼ不可能なガタガタの石畳。崩れかけた、くすんだ灰色の漆喰《しっくい》壁にシミのように浮き出た藍鼠のアラベスク装飾。壁には達筆な繁体字で家主の名前や住所が書かれている。季節の挨拶などが書き込まれた白札が、地味な佇まいにアクセントを与えている。

僕が資料で見つけた、1980年代以前のダーリーの街角がそこにはあった。門から内側を覗いてみると、魚籠編みの老女がいた家とおなじく、様々な植木や草木、道具が丁寧に手入れされたパティオが見える。ここで暮らす人の息遣いが伝わってくるような、快い空間が広がっている。周城には中心街のピカピカなテーマパークのような違和感がない。無理に景観を美しく整えようとせず、昔からあるものに手を加えすぎず地元の人たちが暮らしを続けているからだろう。

同じ観光都市であっても、サービス業を中心とするか、ものづくり業を中心とするかで観光地としての佇まいが変わってくる。前者は街の全てをテーマパーク化しようとするが、後者はそこに住む人たちが生業を営む姿自体が観光の目的になる。僕が旅したいと願うのは後者だ。庭に吊るされた魚籠、軒先にはためく藍の布は、有名美術館の名作に負けない感動をもたらしてくれる。

迷路のような路地をいくつも曲がった後に、目当ての藍染工房が見つかった。工房の前には、大判の絞り染め布がかかっている。色はもちろん、ダーリーの空や湖や山のニュアンスを写したような、ややグレーがかった明るい藍、ダーリーブルーだ。工房の入り口には小学生の背丈ほどの大きさの木桶が置かれている。中に入った藍色の染料液が桶の表面に滲み出した深い蒼は海の色、蒼を縁取る腐食した木目の白は泡立つ波、そして木材のベージュ色は砂浜。ダーリーブルーの木桶は海岸線のような模様で彩られている。桶の並ぶ工房には、徳島の吉野川周辺でよく嗅いだ、独特の発酵臭が漂っている。ここには僕の見知った微生物の気配がする……。

日本の伝統的な本藍染は、徳島県の吉野川流域で発展した染色技術だ。複雑な発酵作用を経て植物のなかのインディゴ（藍）色素を凝縮させ、通常の草木染めよりも強く色を定着させることができる。微生物による発酵を使わない藍染では、ドラえもん程度の薄いブルーしか染めることができず、しかも洗濯するとあっという間に退色してしまう。

しかし徳島の発酵藍染は、凝縮させたインディゴ色素の染料液に繰り返し布を漬け込むことによって、ジャパンブルーと呼ばれる深い藍色を生み出すことができる。

このような藍染技術の起源は、古代エジプトまで遡る。日本には、奈良時代前後にシルクロード経由で入ってきたとされている。インド経由と中国経由が二大ルーツで、日本に入ってきたのは蓼藍《たであい》を使う中国ルーツ。ということは、もしかしたら周城の藍染は日本に入ってきた大陸起源の面影を残す文化なのでは？　と期待が高まる。

工房の入り口をくぐると、チーズ工房と同じく、中庭を囲んだ2階建ての瀟洒《しょうしゃ》な建物が広がる。1階の手前部分には、染料液が満たされた木桶や容器が並ぶ。奥側には手動の機織り機が置いてある。パティオには染め途中、あるいは染め終わった布が干してある。工房全体に染料液が発酵する途中に発生するアンモニアの香りが混じった独特のかぐわしい発酵臭が漂っている。

「わざわざ日本から来てくれたの？　しかも藍染の仕組みを知っているなんて珍しい」

工房を切り盛りする元気な女将さん（若く見えるが落ち着いた雰囲気から察するに僕と同じ30代後半だろう）に製法の詳細を聞いてみたら、僕の予想は的中。日本の藍染との共通点が多々あった。

まず板藍根《バンランゲン》という植物の葉を生のまま水に漬け、石灰を入れて2～3日発酵させる。次に葉を取り出した青緑の液に、微生物のエサとなる砂糖を加え、さらに2週間ほど発酵を促す。すると液の色が青紫色に変わっていく。これで藍染用の染料液のできあがり。この染料液に、綿や麻の布を5～10回繰り返し漬けて染めていくと、ダーリーブルーの藍鼠色が生み出される。桶のなかの染料液は、適宜バンランゲンの葉や砂糖を加え、発酵を再スタートさせ、ぬか床のように時間をかけて育てていく。

日本の藍染と製法を比較してみよう。まず、徳島の阿波藍は二段階の発酵を経る。
①　蓼藍の葉を山のように積み上げ、布団をかける。するとカビや細菌類によって蓼藍の葉が熱を出しながら発酵し、水分が抜けて腐葉土のようになっていき、葉のなかのインディゴ色素が凝縮されていく。この腐葉土状の葉が「すくも」という、染料液の原料になる。この工程は専門のすくも職人の仕事だ。

② 次に染色家にバトンタッチ。すくもを石灰液に溶かし、微生物のエサとなる砂糖や酒、ふすまなどを加える。石灰によるアルカリ環境を好む細菌類が発酵をはじめ、葉のなかに閉じ込められていたインディゴ色素が遊離していく。その過程で、液体が青緑色から鮮やかな紫色に変わる。紫の染料液のなかにテキスタイルを繰り返し漬け込んでいく。漬け込む回数をペー族のものより1・5〜2倍くらい多く繰り返すことで、ダーリーブルーより深いジャパンブルーが生まれる。

両者の基本原理は共通しており、発酵作用により、葉からインディゴ色素を取り出し、テキスタイルに色素を移す。ただしディテールに相違点がある。まず葉の種類。ペー族の藍の葉は阿波藍で使うタデ科のものではなく、沖縄(琉球)スタイルのキツネノマゴ科の葉だ。蓼藍よりも葉が肉厚で丸っこい。次に発酵プロセス。ペー族の藍染はいきなり生の葉を石灰液に突っ込む一段構えの発酵。対して阿波藍はまずすくもをつくり、石灰液に入れる二段構えの発酵になっている。ペー族スタイルの藍染は「沈殿藍」と呼ばれる技法で、これも琉球スタイルの藍染と類似している。

類推してみると、おそらくペー族の藍染のほうが阿波藍よりも古い技法だ。沈殿藍がまず東アジア全域に伝播し、日本では沈殿藍をもう一歩進めた阿波藍が生まれた。これが日本独自の発酵染色のルーツなのだろう。

一段構え（沈殿藍）か二段構え（阿波藍）かの違いは、産業としての発展に決定的な影響を与えたはずだ。阿波藍はグローバル産業として発展したのに対し、沈殿藍はローカル産業に留まったのはなぜか。答えは阿波藍の染色液に使うすくもが「携帯可能」であることだ。生の葉を乾燥させて軽くし、かつ品質を安定させることで、遠いところに持ち運ぶことができた。いっぽう沈殿藍は、生の葉を原料とするが故に、原料のバンランゲンの葉が採れる場所でしか染色ができない。原料を遠くに運べるかどうかは文化の性格を変える。

江戸時代中期から、藍染は徳島に莫大な富をもたらす大産業となった。毎年氾濫《はんらん》を起こす吉野川は、通常の畑作には向いていなかったが、湿地を好む蓼藍を育てるには最適だった。収穫した蓼藍の葉を片っぱしからすくもに加工し、関西や江戸の大都市に大量に出荷した。製品である「布」で儲けたのではなく、製品をつくる「原料」で儲けたのだ。身分によって着る服の色が制限された封建社会で、汚れが目立たずアレルギーも起こらない、しかも丈夫な藍染の衣服は需要があったのだ。こうして江戸後期から明治始めにかけて藍染は大産業となり、ジーンズのような化学染色が主流になった今でも伝統工芸として生き延びている。

「ペー族の藍染はいつ頃から続いている文化なのですか？」

「中世からある技術のようですが、近代になっていったん途絶えかけてしまったようです」

やはり藍染も文革の影響を免れることはできなかったようだ。しかし１９９０年代以降の民族文化の推進施策によって、街並みと同時に藍染も復活。周城の特産品として共産党の保護のもと地元の名産品として推奨され、最近では台湾や日本にも輸出されるようになったそうだ。持ち運びできないローカル藍染としての特質ゆえに、近年再び注目されるようになったというわけだ。

「藍染はペーの文化の象徴です。爽やかな青はダーリーの空と湖、深い青はどこからでも見える蒼山の色をあらわしています」

と女将さんが嬉しそうに言う。中世から近代まで、藍染は、習字や刺繍、建物の装飾と並んで民族の日常的な嗜みだったそうだ。もとは染めは男が、絞り(模様付け)は女が分業していた。ペー族独特の植物や花などのモチーフは、複雑な絞り染めの技法によって生み出される。

「蝶の柄が印象的です。特別なモチーフなんで

すか？」

「よく気づきましたね。蝶はペー族にとって大事な存在。愛の象徴であり、あの世とこの世をつなぐ存在なんです」

僕がダーリーで出会った人たちは、みんな手先が器用。街角や建物の一角に座って黙々と手仕事に精を出す。控えめでおっとりしたペー族の人々は、口ではなく手で文化を語る。その繊細な美意識は、近代に一度、歴史の中庭のなかにしまわれて、革命が終わるとともにまた引っ張り出されて日常に戻ってきたようだ。


2階のテラスで、ダーリーの平野を眺めながらお茶で一服。湖のクリアブルー、雲空のホワイトブルー、山のディープブルー。蒼のサンドイッチがお茶菓子代わりだ。

やがて絹糸のような雨が工房の中庭に降り始めた。さあさあと鳴る雨音の合間にカシャンカシャンと機織り機を動かす音が聴こえる。工房の片隅の、日の光を避けるように設けられた薄暗い一角にひからびた青で汚れた木桶が置いてある。桶のなかでは紫と青の中間のような深い色の粒がブクブクと泡立っている。

第4章：国境の発酵カルチャー

未舗装の砂利道に、素朴な石積みの家が並ぶひなびたミャンマー国境の集落、フーサ（戸撒）。日本と違うのは、町でも農村でもとにかく子供が多いこと。建物のなかから、曲がり角からワアワア叫びながらチビたちが飛び出てくる。日本の田舎に行くと目につくのはお年寄りばかりだが、雲南ではどんな辺境に行っても、辺り一面子供たちが元気いっぱいに遊んでいる。この子たちは将来どうするのだろう？　ここで就職して家族をつくって生きていくのか、それとも北京や上海のような都会、あるいは海外に高等教育を求めて出ていくのか。

半開きになった雑貨屋のドアの陰で編み物をしていたおばあちゃんに、不躾と思いつつ質問してみた。

「私にはわからないねえ……。ルイリー（瑞麗）を通ってミャンマーには行ったことがあるけど、クンミンは知らない。もし外に行ったらここに戻ってくるのかしら……」

川沿いに開けた草原を、赤い制服を着た４人の女の子たちが駆けていく。その横では、薪を背負った女性が、ゆっくりと牛を追う。

「お兄ちゃん、どこから来たの？」

振り返ってみると、おばあちゃんの孫だろうか。黄色いムームーを被った3歳くらいの子供が僕を不思議そうに見つめている。クルクルの栗毛に、彫りの深い顔立ち。東南アジアの山の民の顔つきだ。

どこでもありそうで、どこでもない。どの円とも重ならない空白地帯を僕は旅しているのだ。

ミャンマー国境エリアへ

後ろ髪を引かれながら、麗しのダーリーの南へと下っていく。予定では茶馬古道の始点、シーサンパンナに向かうはずだったのだが、道を西に逸れてミャンマーの国境付近へ寄り道することに。宮本さんの会社の製造工場があり、社長の出張に同行して商品開発の様子を見てみたかったのと、何より国境の発酵食に興味があったのだ。

チベットの入り口、シャングリラは標高3300m、ナシ族のリージャンは標高2400m、ペー族のダーリーは標高2000m。比較的高地の土地をまわってきたが、ここから一気に高度を下げていく。辿り着いた、ミャンマー国境近くの徳宏タイ族ジンポー族自治州は海抜100m。ついこないだまでダウンやフリースを着ていたのに、Tシャツでも暑いくらいの熱帯に突入し、身体がついていかない……。

これといった名所があるわけでもないこの地域。発酵視点で見てみると思いがけず面白かったのでスケッチをしておきたい。

全56民族のうち26民族が住む、中国最大の少数民族居住エリア雲南。これまで見てきた通り、各州には気候風土に適応した様々な民族が住んでいる。シャングリラはチベット族、ダーリーはペー族というように土地ごとに主要な民族が振り分けられていた。しかし、ミャンマー国境のこのエリアは混沌とした場所で、隣り合う集落ごとに住む民族が変わる。州の名前にあるタイ族（傣）は、明が雲南に進出してきた14世紀頃に、東南アジア各地へと南下し、現在タイでタイ語を話すシャム人（泰）のルーツとされている人々だ（雲南の傣族と、タイに住む泰族は、同じタイでも違う民族ということになっているが、顔も言葉も文化もかなり近いので元は同じ起源なのだろう）。

車を走らせていると、タイ族の金ピカの仏塔のある仏教寺院がそこここにある。タイ族と同じく州の名前にあるジンポー族は、ミャンマーではカチン族と呼ばれる山岳民族だ。雲南省では11万人強しかいない超少数派なのだが、勇壮で知られる狩猟が得意な民族だ。さらに少数派のアチャン族もいる。鍛冶《かじ》に長けた民族らしく、工房に見学に行ったら、虎でも真っ二つにできそうな大きな刀身の剣を打っていた。小高い丘のような山の裾野には、はにかみ屋のリス族が住んでいる。リス族はここでも川裾の開けた便利な土地に住むことができず、はじっこに追いやられている。

今僕がいるフーサは、急速に発展する現代アジアにおける空白地帯のような場所だ。わかりやすい観光対象がないぶん、取り残されっぷりがむき出しになっている。様々な民族が行き交い、近代資本主義のルールが通用しない、と書くと自由と多様性があって悪くなさそうだが、現実は逆のようだ。この土地に生きる人々の大半は、近代社会に足を踏み入れることができない。

現代中国は、たいへんな学歴社会である。北京や上海、南京などの大都会の名門高校や大学に入学すれば、大企業への就職や共産党の高級官僚、あるいは海外でビジネスマンや研究者になれるキャリアが開かれる。そのためには、まず都会の名門小中学校に進学せねばならず、家族で学校近くの住居を購入しないといくら子供が優れた頭脳を持っていても進学が叶わない。中国は地方と都会の格差が日本の比ではなく、都市圏の不動産は軒並み億ション級で、生活費も田舎の何倍、場合によっては10倍以上かかる。

地方の村から中央エリートコースに辿り着くための距離は果てしなく遠く、本人の努力だけでなく、家族の社会的ステータスで将来が大きく左右される。

フーサは、そんな中国の中央集権的かつ成り上がりを目指す上昇志向の世界から遠く隔たった、北京や上海から見れば、いち地方都市に過ぎないクンミンすら遠い辺境なのである。

近年日本で話題にあがる中国は「進んだ中国」だ。超高層ビルがびっしり立ち並び、街中に監視カメラが張り巡らされ、スマホを取り出すまでもなく自動でオンライン決済が行われ、工場やレストランで当たり前のようにロボットが働く……という未来都市としての中国。しかしそこからいくつも山を越え、川を渡りを繰り返していくと、数百年前から時間の流れが止まったような場所に出る。

フーサの集落では、というかこの州全体でもＩＴ産業に従事する人など皆無。雲南省の主産業は、タバコや茶の栽培などの農業や政府に保護された観光業か北部の一部での鉱物資源開発などで、イマドキ感ある産業はゼロ。見込めるエリートコースといえば、共産党の地方官僚コースくらいだ。日本でも都市圏と地方の格差は、若者の未来にとっての大きな課題だが、中国は日本の何倍もの、絶望的なまでの格差の壁が横たわっているのだ。

現に、今僕が朝ご飯を食べている食堂では、いまだに現金でお会計をしなければいけないのだ（現代中国では都市農村問わずオンライン決済が主である）。

改めて、中国とは本質的には「国」ではなく「世界」だということを知る。上海と雲南の村の違いは、いち国家内における格差をはるかに超えてしまっている。漢民族の中華思想に基づくプラットフォームの上で競争と発展を続ける「進んだ中国」と、民族多様性のお題目のもとに近代化から疎外し続けられる「取り残された中国」。この2つの世界は交わることなく、宇宙空間が拡大していくように、お互いの距離は縮まることなく拡がり続けていくのだろうか。

朝食の定番、ミーセン

そんなフーサで今僕が食べている朝食を紹介しよう。チベット高地でも、中部の古都でも、ミャンマー国境の熱帯でも、全雲南共通で食べられる朝のスタンダードが米線《ミーセン》。米粉で打った麺で、きしめんや平打ちパスタのようなコシがあり、しばらくスープに浸かっていても麺がのびにくい。ビーフンやフォーと違い、日本と同じジャポニカ米の米粉麺なのでこのモチ感が生まれるのだろう。

早朝に街角の屋台や食堂でミーセンを注文すると、お店の人がどんぶりに、茹でたての麺と極薄味のスープをザバッとよそってくれる。次にお店の奥のビュッフェ形式の調味料コーナーへ行く。そこには様々な醬《ジャン》や発酵高菜、香草類などが置いてあり、好みの組み合わせをトッピングする。あっさりがいい時はパクチーや鶏肉でフォー風に上品仕上げ。刺激が欲しい時は唐辛子をブレンドした醬に、辛子高菜をたっぷり載せる辛口仕上げ。小麦主体の麺類よりも圧倒的に軽やかで、どんぶり一杯食べても胃もたれしない。トッピングどうしようかな……と悩んでいても麺がのびず、食べ始めたらツルツルとすぐに胃に収まってしまう。食後にお茶を一服しながら朝からキビキビ仕事に精を出す地元の人たちの姿を見ていると、「よーし、今日もやるぞお」とポジティブな気持ちが湧いてくる。

ミーセンは雲南のどこでも、街でも田舎でも食べられるのだが、トッピングに用意される具材に地域性が宿る。シャングリラ周辺では、酸味のある高菜や厚切りのヤクの肉などパンチの効いたガッツリ系の具材が、ダーリーではベトナムのフォーを思わせるような香草類や鶏肉、肉団子などあっさり系が、そして南の熱帯地方では激辛の唐辛子やパクチーなどタイ料理のよ

うなエスニック系の具材が目立つ。比較的ちゃんとしたレストランでは、過橋《グウチャオ》ミーセンとい
う、スープの入った土鍋に野菜や肉、麺を逐次投入していく「ミーセンしゃぶしゃぶ」のよ
うなコースがあり、昼食や夕食にも食べる。

フォー以上、ラーメン未満という絶妙な食べごたえ、プリプリの麺の食感、自分好みに味を調節できて食べ飽きない。さらにご当地フレーバーも味わえる、ファストフードの最強フォーマットだ。なんと良くできた料理ではないか！　と感嘆し、街場の小さな米麺工場を見学してみることにした。

訪ねたのは、一般家庭の土間に小さな製麺機が置いてある典型的な町工場。製麺機のフタをあけて米粉と水を入れると、機械の中で混ぜ合わされた米粉ペーストがミンサーの中からパスタマシーンのように回転しながら押し出されてくる。その時の摩擦熱で凝固して、ソバのようなつなぎ無しでコシのある麺になる。ミンサーから出てきた麺を、おじさんが竹の棒でクルクルと巻き取り、洗濯物のように竹の棒にかけていく。そのまま数時間干して乾燥させ、地域の食堂へと出荷されていく。単純明快、誰でもできる超シンプルな製法だ。

ご当地発酵の妙味

前述の通り、タイ族ジンポー族自治州は少数民族の寄り合いエリアだ。ひとつ街角を曲が

ると食文化が変わる。そのなかで見かけた発酵文化を紹介しよう。

まずは毛豆腐《マオドーフー》。エキセントリックな見た目の発酵豆腐だ。豆腐を小さく切り分けて、20℃強の蔵の中に数日置いておくと、毛足の長い白カビが豆腐の表面を覆い尽くし、毛虫のような見た目に変貌してしまうのである。中世に移住してきた漢民族の住む古い集落を通りかかった時、たまたま家族経営の工房で見つけたものだ。

じっと近寄ってこの毛虫を観察してみると、生えているのはムコール属のカビである。匂いをくんくん嗅いでみると、チーズのようなかぐわしい香りだ。大豆タンパクについたモサモサのカビとチーズのような香りの組み合わせ、どこかで見たことがあるような……と記憶を辿ってみると、長野県の山奥で伝統的につくられてきた「味噌玉」という、大豆のブロックにモサモサのカビを生やしてチーズ状の味噌にしていくローカル発酵食品に類似している。

表面についたカビがボディガードとなり、大豆（豆腐）の内部で様々な微生物が繁殖していく。その過程でタンパク質が分解され、チーズのようなとろっとしたテクスチャーと、ウオッシュチーズやブルーチーズのようなかぐわしい香りが生まれる。このような発酵作用が毛豆腐でも味噌玉でも共通して起こっているのではないか。

「見学したら買っていきな！」

赤ん坊を背負って豆腐をつくっていたお母さんの剣幕に押されて毛虫を食べることに。

さてこの強烈な見た目の毛豆腐、どのように食べるのであろうか。現地の人でもさすがにそのままナマで食べるのは気が引けるらしく、油をたっぷり引いたフライパンで揚げ焼きしてくれた。こんがりきつね色の厚揚げに、辛い醬や薬味をまぶして食べると、テクスチャーも風味もかぐわしいチーズ感。台湾などでよく見る臭豆腐のように、豆腐を細菌やカビで発酵させた腐乳《フールー》の風味もある。一口大の辛ウマのチーズ厚揚げを、牛や豚の行き交う砂利道に腰掛けてパクパク食べていると「オレは今、確かにアジアを旅している！」と強く実感する。

宮本さんの食品工場では、豆豉《トウチ》（中国の発音ではドウスー）を製造している。大豆を蒸煮し、粒状のままカビをつけて発酵させ、塩を加えて長期熟成させる。見た目は黒納豆のようだが、用途はうま味調味料である。このトウチは中華料理の味付けの基本中の基本であり、日本の味噌の起源にもなった全アジアの調味料の元祖だ（なお日本の寺納豆はトウチの末裔）。

外気温よりさらに暑い、ムワッとした蔵の中で大豆が発酵している。豆の粒の表面がテラテラと光って、微生物たちが盛んに代謝しているのがわかる。まだ熟成しきるほどの時間は経っていないようだが、よく見知った味噌の香りがする。

「トウチはね、味噌のようにそのまま使うことはあまりないんですよ」

「えっ、じゃあどうやって使うんです？」

「できあがったら、漢方や香辛料と混ぜて混合調味料にするんですね。トウチをベースにしたブレンド調味料が中国のローカル料理の肝なわけです」

市場に行ってみると、調味料売り場に茶色いおせんべいのようなものがある。

「これはまた別のトウチ。豆を野外でネバネバに発酵させて、唐辛子や薬草と混ぜて固めたもの」

嗅いでみると、納豆の香りだ。ミャンマー国境では、納豆のこともトウチと呼ぶのだ。売り子さんに使いかたを聞いてみたら、すぐ近くで売られている、網に入ったカエルを指さして言う。

「カエルの唐揚げにこのトウチをまぶすと美味しいよ！」


見慣れない食材のオンパレードの国境マーケットで、よく知っている食べ物に出会った。

市場の出入り口付近で、おばあちゃんが小さなドリンクスタンドを出している。鍋のなかに

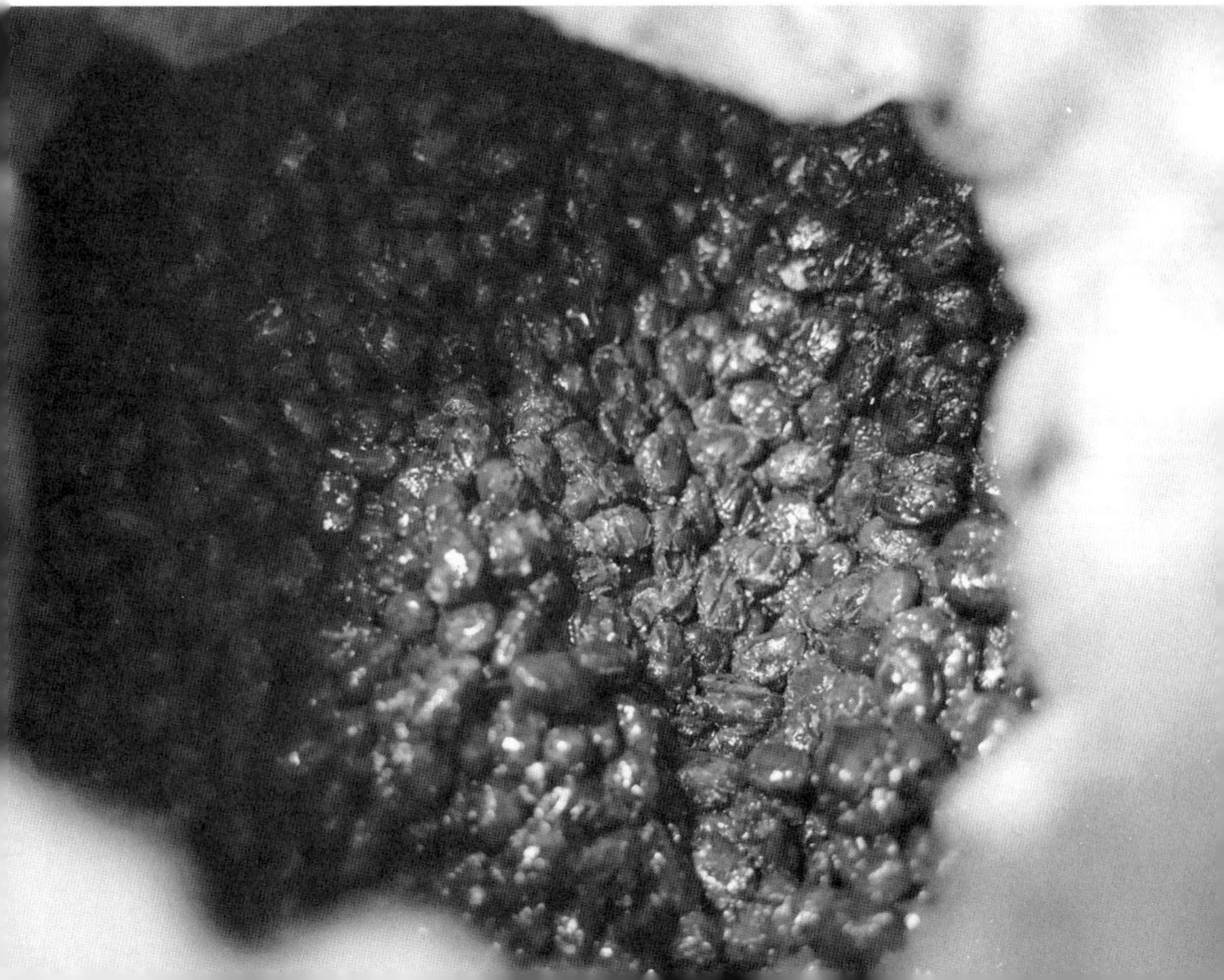

はほんのり黄みがかった液体がたっぷり。

「甘くて美味しいよ！　一杯どう？」

カップにすくってもらって飲んでみると、思いがけず優しい味わい。これは、甘酒ではないか！

おばあちゃんにどうつくっているか尋ねてみると、お米にアジア式の餅麹を混ぜてつくるミャンマー式甘酒のようである。日本のコウジカビと違い、クエン酸を生成する大陸のカビで発酵させるので、日本式の甘酒よりも酸味が強い。ちょっとクセが強いかなと思いきや、熱帯の気候にぴったりの爽やかさで、あっという間にカップ一杯飲み干してしまった。

ミャンマーでは麹は身近な家庭食材で、中国のような焼酎専用の特殊なものではないらしい。雲南から西の国境に広がる麹文化圏、その果てはインドまで続いているのである。本書を読み終わる頃には、アジアを貫く麹ロードが読者の前に開けているはずだ。

国境の魔都、ルイリー

このエリアは、ミャンマー山岳部と民族分布が重なっている。ビルマ人の都ヤンゴン周辺とはまた違う、日本人が行くことが困難な民族カオス地帯の北部ミャンマーの雰囲気を味わいたいと思い立ち、フーサの集落から車で30分弱、一部の物好きトラベラーに有名なルイリーを覗きに行ってみた。

人間より牛や馬のほうが目立つ田舎道を走っていくと、突如ネオンギラギラの街があらわれる。街の中には長い金網が張り巡らされ、その向こう側がミャンマーだ。金網の向こうから商品を差し出して「安いよ、安いよ！」と呼び込む数えきれない商人たちの群れ。メインストリートにはうさんくさい宝石店や賭博場が立ち並んでいる。ホテルの看板もギラギラとピンクや紫に輝き、どこも連れ込み宿に見えてくる猥雑さだ。

気になったのは、奇妙なカタチの机を売る店だ。大きな一枚板の中が凸凹の空洞になっていて、その窪みに透明なシリコーンが流し込まれて天板になっている。

「これはですね、シロアリが食べて巣をつくった木なんですね。富裕層の家の客間に置く茶卓として需要があるそうなんです」

と宮本さん。この腐食した木はミャンマーの山間部の名産品で、値札を見ると目の玉が飛び出るような値が付いている。日本でも車一台くらい買えてしまいそうだ。おそらく、中国伝統の山水思想の応用編なのだろう。シロアリがくり抜いた木の凹凸を山水画の景色に見立て、お茶を嗜む……むむむ、正直僕にはついていけない！

「そこに見えるのがイミグレーションです」

「あれ？　でもチェックなしで人が行き来してますよ」

街中を歩いていると突然脈絡なくあらわれる入出国ゲート。公園の出入り口をぐるぐるかの如く、バッグひとつ持たない地元民がゲートを出たり入ったりしている。

「もともとここはね、色んな民族が住んでいた場所に第二次世界大戦後、政府が無理やり国境線を引いた街なんですよ。線が引かれる前から住んでいた民族は前の通りパスポートチェックなしで中国側とミャンマー側を行き来できるんですね」

なるほど。だからフーサのおばあちゃんは「ミャンマーに行ったことがある」と言っていたのか。彼女にとって、ミャンマーは外国ではないのだ。

「でもね。ヒラクさんがゲートをくぐろうとしたら捕まりますよ。国境の向こう側は紛争地帯ですから。二度と日本に帰れない可能性もありますから気をつけて」とニヤニヤ笑いながら注意する宮本さん。

そうなのだ。ルイリーを抜けた先は、山岳民族のゲリラが跋扈《ばっこ》する危険地帯がある。フツーの日本人が足を踏み入れたら最後、生きて帰ってこられない世界なのだ。実はこの危険地帯に行ったうえ、日本に無事生還した旅の大先輩がいる。ノンフィクション作家・高野秀行さんの名著『西南シルクロードは密林に消える』を読めば、あのゲートの先に待っている凄まじい異世界を追体験できる。

ルイリーの町外れの食堂で夕食を取る。宮本さんと二人でじっくり話しながらビールを飲んだ（なおルイリーではビールもミャンマー製。元イギリス統治領だからか、中国ビールと比べて味が濃くて格段に美味）。

「中国はね、滅茶苦茶なところもありますが、国としてのエネルギーがありますよ」

そう語る宮本さんのエネルギーがまず日本人離れしている。50歳を過ぎて、中国の、しかも雲南という辺境で従業員数十人の会社を経営する。共産党との付き合いのややこしさ、現地の人とのビジネス意識の乖離《かいり》、そもそも商品の販路が確立されていない……などなど、様々な困難にあっても事業を続けている根底には、ロマンチストの気質がうかがえる。

これまでの旅程を振り返って気づいたのだが、宮本さんは中国の日本人コミュニティとの付き合いがほとんどない。常に現地人の知り合いを訪ね、現地の言葉、現地のマナーで人脈を築いている。リス族の村で宴会していた時、途中から酔っ払って宮本さんを現地人だと間違えたほどである。

旅をしていると、まれに「国籍を超越してしまった人」に出会う。

この類《たぐい》の人たちがよって立つのは、生まれでも肩書でも言語でも伝統でもない。今この瞬間に自分がどう世界と向かい合うか、という立ち振る舞いの強度によって立つ。宮本さんの鋭い眼光は、むき出しの人間そのものを見ている。

肩書や生まれのラベルで人を見がちな日本人にとって、旅は、むき出しの人間を見る眼を育ててくれる。言葉も常識も異なる誰かに、生殺与奪を握られる。今目の前にいる人のうち誰が、自分の味方になってくれるのかを、限りなくゼロに近い情報のなかで判断しなければいけない。勇気を振り絞って誰かに声をかけたら、今度は自分がその誰かに「むき出しの人間」として見つめられる。辺境から辺境へと旅を続けていると、だんだん魂の殻が剝けて裸になっていく。剝ければ剝けるほど「国」の概念が消えていく。そういう裸の魂の強さを、宮本さんは持っている。

「私はね、奥さんが二人いるんですよ」

夕食に同席したタクシーの運転手がニヤッと笑って言う。

「ミャンマー側に一人、中国側に一人。週の半分ずつ行ったり来たりして二人の妻に尽くしてます」

彼のようなケースは珍しくないらしい。あの金網は、国だけじゃなく人生も分割してしまうようだ。もしかしたら、妻のほうもボーダーのこちら側と向こう側に二人の夫がいるかもしれない。

「ねえお兄さん、ミャンマー人のふりして向こうに行って、奥さん探すってのはどうです？」

そしたら僕、またこちら側に戻ってこられるのだろうか。

ミャンマー国境の烏龍茶

宮本さんの出張のお供を終え、いざお茶のふるさとへ向かう前に、ミャンマー国境の知られざる茶の産地へ行ってみることにした。徳宏タイ族ジンポー族自治州のすぐ隣、タンチョン（騰衝）市は烏龍茶を特産としている。微生物で発酵させたプーアル茶（黒茶）で知られる雲南では珍しい茶の産地だ。

タンチョンには、海抜500mの低地から2000m超の中高地まで続く日当たりの良い丘陵地があり、チャノキの栽培に向いているのだ。次章で微生物発酵茶であるプーアル茶を取り上げるが、その前に烏龍茶→プーアル茶の順番で解説したほうがお茶のメカニズムがわかりやすい。

抜けるような青空の下、1mほどに切りそろえられた、見渡す限りのチャノキ畑が丘の上の涼やかな風にそよいでいる。静岡や鹿児島で見る茶畑のスケールを10倍ほど拡大したような壮麗な景色だ。日の光を目いっぱい浴びたまだ若い茶葉の、まだ開いていない芯（芽）の部分とその下の若葉2枚をセットで収穫する。これを「一芯二葉」と言い、高級茶用の贅沢《ぜいたく》な収穫方法だ。普及品のお茶は「一芯三葉」のもう少し成長した葉を摘む。こちらのほうが生産性が高い。

　青々とした若葉を集め、生のまま屋外で1〜3時間、屋内で8〜9時間ほど自然に乾燥させる（萎凋《いちょう》）。その後、竹製のドラム式回転機にかけ葉に傷をつけ、酵素を働かせる。そして、屋内の竹籠に茶葉をさらし、酵素の作用の進行を見る。夏なら1時間程度、冬なら3時間、分単位で様子を見て適正な状態で熱をかけ、酵素を止める。さらにもう一度乾燥させて選り分けしパッケージする。葉のはしっこの部分が酵素で分解されてやや白く変色していると美味しいらしい。

「あれ、酵素って微生物が出すヤツじゃないの？」

　グッドクエスチョン。実はお茶の発酵には2種類ある。茶葉自体の酵素による半発酵茶と、微生物の酵素による後発酵茶だ。前者は青茶と呼ばれ、烏龍茶や紅茶が該当し、後者は黒茶と呼ばれ、プーアル茶が該当する。どちらも酵素作用を使って主にタンニンを酸化・分解し渋みをまろやかにし、味にコクを出すことを目的にしている。それを茶葉の細胞内にすでにある酵素を物理作用（揉む、擦る）を加えて活性化させるか、あるいは外部からカビや細菌類をつけて似たような作用を起こすかの違いだ。しかし後発酵茶（黒茶）の場合、微生物の多様な酵素によって茶葉の栄養分が様々に分解されるため、半発酵茶よりも味が茶葉本来のものとかけ離れていく傾向がある。

タンチョンの工場で製造していたのは紅茶と烏龍茶。見学した当初は、正直製法の見分けがつかなかった。

・萎凋→葉に傷をつけ酵素を活性化させ→熱を加え発酵を止める

この順番は基本的に一緒。ただし紅茶のほうが、揉捻と発酵の度合いが烏龍茶よりもいくぶん強い、という違いだ。酵素作用が弱いぶん烏龍茶のほうがフレッシュで、酵素作用が強いぶん紅茶のほうが風味がやや複雑。乱暴だがこんな感じで両者を区別するのだが、その境界は意外に曖昧だ。

日本でティーバッグで売られている紅茶は、茶葉を破砕し、異なる茶葉をブレンドしたり柑橘で香り付けしたインドのイギリス式紅茶。中国式紅茶は異なる茶葉をブレンドしたり、砂糖やミルクを混ぜて飲むことはなく、純粋に茶葉のニュアンスを味わう。以上が茶葉の酵素による発酵茶の概要だ。

タンチョンの烏龍茶。一口飲んでこれはただ事ではない！　と唸《うな》る最高級茶でも値段はリーズナブル。お茶バブルに沸く中国本土では、高コスパのブランド茶として注目されるのでは？　と茶館で製茶職人のお兄さんに聞いてみたのだが、どうやら追い風はさっぱり吹かないようだ。ナシ族の酒蔵よろしく、補助金をもらって立派なお茶のミュージアムや、プロパガンダ風の壮大なプロモーション動画をつくってみたものの、なかなかブランド認知されず、困った状況らしい。

ブランドをつくるには、お金や設備だけでは足りない。土地のストーリーを魅力的に語り、お客のニーズを拾う繊細なコミュニケーション力が必要なのだ。

第5章：マーパンと茶の国際シンジケート

汗ばむ陽気のなか、鬱蒼と樹々の茂る山を登っていく。前を歩くハニ族の青年たちは急斜面の獣道を散歩するようにひょいひょいと歩く。最初は雑木林のようだったのが、次第にジャングルのように大樹が絡み合う森へと変わっていく。ここをさらに登りきって頂《いただき》の向こう側に出れば、開けた茶畑があるのだろう。先導する青年が立ち止まって何やらおしゃべりを始めた。道に迷ってしまったのだろうか。

「あの……茶樹はどこにあるんですか？」

青年が「そこだよ」と、僕の目前の太い樹を指す。見上げると、樹高7～8ｍはありそうな大木だ。

「えっ、この大木からお茶を収穫するの？」

樹皮には苔がびっしりと貼り付き、四方に枝を広げて陽の光を遮っている。

この風格、ゆうに樹齢数百年を超える堂々たる古木である。茶畑と聞くと、腰の高さより低く刈り込まれた低木が並ぶ、畝《うね》状の畑が思い浮かぶ。ところがここ雲南省最南端のシーサンパンナの奥地には、人工的な茶畑が開発されるはるか以前、野生の茶樹が生い茂るジャングル状の茶畑、いや茶「森」が広がっていたのだ。

熱帯の木漏れ日が、ふっくらとした葉を黄金色に照らしている。あちこちで光る黄金色が暗い森のスクリーンに映るプラネタリウムのよう。ここが茶の文化のビッグバンが起きた場所、茶の宇宙の始原だ——。

プーアル茶はプーアルでつくられてない？

雲南の旅の最終目的、茶の聖地シーサンパンナ（西双版納）・タイ族自治州へいよいよ出発。タンチョン空港からシーサンパンナ・ガサ空港まで2時間強。目的地に近づくにつれ、風景の熱帯度が増していく。飛行機の窓から見下ろす熱帯の森のあいだを、巨大なメコン川（瀾滄江《らんそう》）が蛇のようにぐねぐねとのたくっている。森と川岸のあいだに緑の幾何学模様が見える。よく目を凝らしてみると、茶園の段々畑が織りなす模様だ。いったいどうやってあんな僻地に？　と思うような隔絶された山の崖でお茶摘みに励む人々の姿が見える。これが世界屈指のお茶ガチ勢がしのぎを削る、いにしえからの茶の産地！

ガサ空港に着くと、羽田から那覇空港に着いたような南国トリップ感。行き交う人はみんなTシャツか開襟シャツでこんがり日焼けしている。壁にはゾウやクジャク、白と金のパゴダの大きなポスターが貼られ、中国感はゼロ。空港を出ると、目も眩むような強烈な日差しと熱気に襲われ、一気に汗が吹き出てくる。

ミャンマーが西に、ラオスが東に接する南国のボーダーライン。シーサンパンナ・タイ族自治州は雲南でも異色の熱帯エリア。トロピカルな樹々が茂り、あちこちに建つ白と金の仏教寺院、街角をうろつく痩せた野良犬……と僕がかつてバックパッカー旅行で歩いたタイの景色にそっくりだ。自治州の主である「タイ族」は、フーサで出会った人々と同じ。現在タイに住む「泰」族ではなく、古代中国の時代から中国西南部に住んでいた民族、「傣」族である。

12世紀後半、遊牧系の元朝が雲南統治をした混乱に乗じて、元々このエリアに住んでいたタイ族は独立してシーサンパンナ王国を樹立。シーサンパンナ王国の初代の王は12世紀にあらわれたとされている。その後、モンゴル系の元、漢民族系の明に服属しつつ、20世紀に至るまでタイから取り入れた上座部仏教（小乗仏教）や独自の文字文化など、ユニークな文化を維持し続けた。つまりシャングリラと同じく「国家内国家」のカテゴリーである。

シーサンパンナに海外の人が訪れることができるようになったのが1980年頃。つい最近までは、中国国内の観光客すらほとんどいなかったという。中国の辺境雲南のなかでもさらに特筆すべき南の辺境と言える。

だが、僕が訪れた2019年現在では超高速で観光地化が進んでいる。空港は沖縄の那覇空港よりもよっぽど立派で、州都であるジンホン（景洪）市内には南国風の高級リゾートやコンドミニアムが次々と建設中だ。工事中の高層ビルの足元に極彩色の野良クジャクがトコトコ歩いている……という、雲南省おなじみのカオスがシーサンパンナにも波及しているようだ。

街の向こう側では、東名高速よりも遥かに巨大な高速道路がミャンマー国境へ向かって建設中で、これはインドを経由して東ヨーロッパまで伸びる、現代版シルクロードとも言える「一帯一路構想」の一環だ。ついこないだまで南国の田舎町だった場所に、10以上の国境を横断するメガ幹線道路をつくるスケールの巨大さは、古代秦帝国（あるいはローマ帝国）を思い起こさせる。秀吉の朝鮮出兵で挫折した小国日本には絶対できない発想だろう。

この一帯一路構想のフロンティアであるシーサンパンナは、「一部の」茶マニアに知られている。なぜ「一部の」とカッコ書きしたかというと、明の時代以降に確立し、現代まで受け継がれる茶文化の王道よりも、さらに古い飲茶のスタイルが根付いた特異な場所だからだ。王道は、烏龍茶の福建省、緑茶や紅茶の湖南省。だが、雲南省名産は、なんといってもプーアル（普洱）茶と呼ばれる微生物で発酵させる「黒」茶だ（茶の色の分類詳細は後述）。

「あれ？　プーアル茶ってプーアルでつくってるんじゃないの？」と疑問を持った読者諸氏よ、鋭い！　プーアル茶はプーアルではなくシーサンパンナでつくっている。茶の名前を冠したプーアルはシーサンパンナの北隣にある地域で、中世から近世にかけて栄えた関所。東南アジアと他エリアをつなぐ交通の要所だ。プーアルを介して、西はミャンマー、東はベトナム、北はチベットや四川へと街道が枝分かれしていく。ここは茶を「つくる」場所ではなく、東アジア全域へと「出荷する」場所だったのだ。

つまり、茶の生産地はシーサンパンナ、茶を出荷するのはプーアル。日本の農協で例えてみると、シーサンパンナの茶農家が生産者、各生産者の商品を取りまとめる出荷センターがプーアルなのである。商品を卸す仲買人が直接コンタクトするのがプーアルなので、プーアル印のブランドができてしまったんだね。「プーアル茶の現場見に行きたい！」と思ってプーアルに行ってしまうと、何の変哲もない中国の地方都市で途方に暮れることになるので注意されたい。

お茶の源流を紐解く

つくっているものが中国茶の王道「ではない」黒茶、そしてブランド名が隣のエリアに持っていかれてしまっているという２つの理由でシーサンパンナは「知る人ぞ知る」銘茶の里なのだが、茶の起源を思わせる景色がある。シーサンパンナエリアの山奥には樹齢１０００年（！）以上の「茶樹王」と呼ばれる古木が今なお茶葉を茂らせている。中国流の誇張で真偽のほどはわからないが、ミャンマー国境沿いの勐海《もうかい》県巴達郷には樹齢１７００年というモンスター茶樹王が現存しているそうだ。１７００年前といえば日本ではまだ古事記すら編纂されていない国家の揺籃《ようらん》期だ。

　中国における最初の茶の文献は『神農《しんのう》本草《ほんぞう》経《きょう》』。成立時期はだいたい紀元１〜２世紀頃なので、２０００年ほど前になる。なお本のタイトルにもある「神農」は伝説上の古代中国の人神（天皇のような存在）。医療と農業の始祖とされる。この本は神農が伝えたとされ

る諸技術を編纂したという体裁なので、もし神農がお茶を飲んでいたとしたら、飲茶の文化は4000年以上前（文献では紀元前2737年とされる）ということになる。インドのアッサム州も古くから茶樹が自生していた地域なのだが、さすがに紀元前後に記録された飲茶の記録はない。よしんば茶樹があっても、人間が利用していたか確かではない。ということで、飲茶の起源は中国、そして人間が利用した茶樹の起源は雲南省、特にシーサンパンナ一帯という説が成り立つ。

こうして、僕が今いるおおよそ一般的な中国のイメージからかけ離れた熱帯のジャングルが「茶のふるさと」と認知されるようになった次第だ。

僕の本の読者諸氏のなかにも、お茶を嗜む風流人は多いことだろう。しかしその嗜みは日本流のお抹茶や、高級茶である福建や台湾の烏龍茶、精緻《せいち》なフレーバー付けが施された英国流の紅茶などが多数派で、雲南流の黒茶を愛好する変わり者は少ないと思われる。そこで、僕なりに茶の製法のアウトラインを説明しながら、雲南およびシーサンパンナの茶の特異性について理解が進むように努めたい。

まずは基本的な定義。茶はツバキ科の植物チャノキ（学名をカメリア・シネンシス *Camellia sinensis* という）の葉を加工したものに主に湯を加えて飲む飲料。なのだが、チャノキ以外の様々な植物や虫などを煮出す薬用茶もある。日本ではクロモジ茶や月桃茶、僕は中国で一度漢方の先生にセミの脱殻のお茶を処方されたことがある。その他、沖縄や中国のジャスミン茶やベトナム茶のようにチャノキに薬草や香辛料などでフレーバー付けすることもよくある(フレーバー付けのバリエーションが多いのが英国紅茶)。

茶葉はそのままお湯に触れさせても、葉のなかの栄養物や香りが引き出されず全く美味しくない。そこで硬い植物細胞を何らかのかたちで壊して栄養物を引き出し、かつ成分を変質させて香りや風味を付加する加工を行わないといけない。その際、次の3つを組み合わせて飲料としての特質をつくりだしていく。

①熱や乾燥、摩擦などの物理的な作用を加える
②茶葉自身に含まれる酸化酵素などの酵素作用を加える
③カビや乳酸菌など、微生物の発酵作用を加える

このなかで、①のみで茶の風味を引き出すものが「非発酵茶」。日本の緑茶はこのカテゴリー。そして、②と③の作用を加えたものを「発酵茶」に分類する。で、ここから先がややこしいのだが、僕の専門である発酵の基本定義は「微生物の酵素作用を使った加工技術」なので、普通に考えると③しか発酵茶とは呼べない。しかしお茶の領域ではなぜか②も発酵茶のカテゴリーになってしまう。おそらく「植物でも微生物でも酵素作用なんだから似たよう

なモンでしょ！」という発想なのだと思われる。
ちなみに酵素について簡単に補足しておく。酵素とは、化学変化を促す特殊なタンパク質のこと。酵素が働くことで風味の変化や栄養成分の生成が促進される。地球上の生物は植物でも微生物でも何かしらの酵素を生成してエネルギーを得たり自分に有利な環境をつくりだす。酵素というと、健康に良い！　というイメージが浮かぶかもしれないが、実際は発酵菌以外にも、植物でも昆虫でも、なんなら人間でも、生きとし生ける全ての生物が持っている化学触媒である。

化学的に茶の製法を大別してみると、以下の2つに分けられる。
①物理の力（熱を加えたり揉んだりする）のみでつくる非発酵茶
②物理の力と酵素の力を組み合わせてつくる発酵茶
そして、②の酵素はさらに2つに分けられる。
②―A植物酵素
②―B微生物酵素
この前提をもとに、主なお茶の種類を分類してみよう。

①カテゴリー：緑茶

摘みたての茶葉に熱を加え、葉を揉み込む（揉捻）ことで植物細胞を壊し、茶葉の風味を湯に移す。熱を加えた時点で酵素が壊れ、酵素作用は働かない。茶葉は春の時期の若い一番茶が好まれる。中国と日本で最も多く飲まれているアジアのお茶のスタンダードだ。

なお抹茶は緑茶を揉まずに、挽いて粉状にしたもの。カフェインやビタミンが超濃縮されるので、もとは禅宗の厳しい修行の栄養剤だったものが日本に持ち込まれ、武家の教養として発展した。

②—Aカテゴリー：青茶、紅茶、白茶

摘んだお茶を干して萎凋させ、葉の酵素による発酵を行う。緑茶と違って、最初に熱を加えて酵素を壊さないのが特徴。茶葉は一番茶よりも二番茶以降の固くて渋みのあるものが向いている。この酵素の働きにより、茶葉の栄養分を変質させて緑茶にはない香りや風味を付ける。発酵時間が比較的短いのが青茶。長いのが紅茶。

青茶カテゴリー代表は、ご存じ烏龍茶。中国茶を嗜む通に一番人気なのがこの青茶である。フレッシュな緑茶と熟感のある紅茶のちょうど中間、茶葉の個性と発酵の塩梅で無限のバリエーションを生み出せる。

青茶の発酵をやや強めにすると紅茶になる。萎凋と発酵が進むうちに、茶葉は濃茶色になる。渋みと重みがあり、飲みごたえのあるお茶だ。おそらく世界で一番飲まれているカテゴリーであり、中国とインドが二大産地だ。中国式では、茶葉をまるごと煎じたものをお湯だけで飲むが、イギリス・インド式では細かく刻んだ茶葉を、砂糖や牛乳を加えて煮出して飲むことも多い。なお、インドやネパールでは香辛料を加えたマサラ・チャイ、イギリスではフルーツやハーブのフレーバーを加えたイングリッシュティーが庶民に好まれる。

もう一つ、白茶という変わり種もある。一番茶よりさらに若い、産毛の生えた白い若葉を干して萎凋させ、熱を加えて乾燥させる。他のお茶と違い一切揉み込まないので、萎凋する時にごく弱く酵素作用が働くのみ。白湯《さゆ》のような透明なお茶に仕上がる。渋みやうま味はほとんどなく、ほんのりした酸味や桃のような香りを感じるお茶だ。

②—Bカテゴリー：黒茶

最初のステップは緑茶と同じ。その後、カビや乳酸菌に細胞から漏れ出た糖質やうま味成分を分解させ、植物酵素とは違う化学変化を引き起こさせる。微生物によってポリフェノールや窒素成分が分解されてしまうので、緑茶にあるような渋みやうま味が消失し、独特のまろやかさや酸味、ちょっとキノコっぽい香りなどが生成される。他のお茶はできたてが好まれるが、黒茶は圧倒的にヴィンテージが価値を持つ珍しいカテゴリーである。その代表格が、雲南のプーアル茶なのだ。

ハニ族の茶の生業

章の冒頭、茶森を歩く場面に戻ろう。

シーサンパンナで僕たちがお世話になったのは、ハニ族の茶農家の青年たち。彼らに出会ったのは偶然だった。余談になるが、僕たちは今回の雲南の旅の途中から、取材対象の町に最低2日以上滞在するルールを導入するようになった。上海のような大都市は、外国人でも自由に観光できるが、観光地でない地方の小さな町では、必ず共産党の地域振興担当をコーデイネーターにして移動しないといけない。しかしそれは初日だけの話。2日目になると自分のプランで旅してオッケーになる。

そこで初日は、党が定めた定番ルートで地域の概容を摑み、ルート上で挨拶した村長や有力経営者に電話をかけ、2日目に共産党公認外のリアルローカルスポットを訪ねる黄金メソッドができあがっていった。

「せっかく風情あるお茶の里に来たのに、ビジネスホテルみたいなところに泊まるのイヤだなあ……」

シーサンパンナ初日は、共産党員のお姉さんによるやや退屈（失礼！）な定番茶園巡りツアーに、党指定のわりとよくあるシティホテル。

「そしたら、明日は山のなかで宿探してみましょうか？」

と宮本さんが提案。さっそく運転手のリーさんがネットで近所のホテルを検索して出てきたのが、中世のお屋敷風の超格安宿。喜び勇んでその宿に直行したら、中世にタイムスリップしたとしか思えない幽玄な景色が広がっていた。シーサンパンナの茶の名山の一つ、南糯《なんのう》山《ざん》中にある「娘村」という集落に行き当たったのだ。

「あ、待ってくださいね。建物ちょっと汚いんですけど、まあどうぞどうぞ！」

娘村の宿に着いてみると、そこは茶農家の副業ペンションで、管理人はハニ族という少数民族の好青年である。「自分たちは、日本からお茶の調査にやってきた一行である！」と告げると、娘村の茶農家たちが宿の中庭に集まってきて、そのまま賑やかな茶会が始まってしまった。

街灯も隣家の灯りもなく、鳥と獣と虫の声が聴こえるのみという人里離れた幽霊屋敷のようなペンションに、ハニ族のお茶好きの老若男女が集まってくる。一応ビールも用意しておいたのだが、誰も酒には目をくれない。それぞれ自慢の逸品を持ち寄って延々と茶を飲みまくる。地元の人たちとお茶会をしてみて意外だったのが、シーサンパンナ＝プーアル茶ではなく、ローカル生産の烏龍茶や紅茶も日常的に飲まれている。そしてプーアル茶以外のお茶も非常にレベルが高い。個人的には紅茶と白茶に目を見張るような品質のものがあった。ブランドとして認知されている茶だけが美味しいものではないのだ（と書くと当たり前のことだが）。

山の集落で茶の生業を営むハニ族――雲南省の中央～南部に多く住む少数民族で、稲作に長け、大豆から納豆や味噌のようなものをつくり、田園で歌や踊りの祭りを楽しむ人懐っこくてフレンドリーな人々だ。顔つきもあっさりめ、民族衣装も青一色の比較的地味なもので、今回の旅で出会ったなかで最も親近感の持てる民族だった（古代に日本に渡来し、日本人に比較的近いDNAを持っているという説も）。なお料理の味付けや、山菜や川魚、蜂の子のような虫を好む食材のセンスも、山梨や長野なんかの日本の山村の郷土料理をちょっと辛くしたような感じでほっこりする。

シーサンパンナの空港から同行した、クンミンで人類学を専攻している大学院生のMさんがハニ語が堪能なこともあり、「ハニ文化に友好的な日本人たちが来たぞ！」と場がにわかに盛り上がる。彼女のおかげで、共産党ガイドでは聞けない立ち入った話を色々聞くことができた。

ハニ族は自治州の主であるタイ族と並んで製茶業を担ってきた民族で、現代的な低木の茶畑だけでなく、ジャングルのような背の高い茶畑の管理も得意だ。一緒に山に入ってみると、

急斜面を平然と登り、そのへんの木にひょいっと登ってどんぐりを「はいよ！」とくれたりする。おそらく現代的な茶樹の栽培が始まるずっと前から茶を生業としてきたのだろう。ペンションの管理をしている青年をはじめ、親の後を継ぐ若い農家も多い。

品質に差をつけにくく、売価が低くなりがちなコメやタバコに比べ、茶は付加価値をつけやすく、しかもシーサンパンナには茶のふるさととしてのブランドもある。大都市の大学に行かずとも、地元でしっかり稼げる、若い人にも魅力のある仕事のようだ。

商品はお隣プーアルの集荷センターに送っているものもあるが、僕たちのように生産現場を訪ねてきて、直接お茶を買い付けるバイヤーも多いらしい。

ＩＴのような情報産業や大規模な重工業、サービス業が弱い雲南省にとって、茶は自分たちの歴史やアイデンティティを価値に換えられる貴重な産業なのだ。ハニ族のお茶一族が語る「おらがお茶」には民族の誇りと、頑張ったぶんだけちゃんと対価を得られる実業の強い実感が込もっている。今風のラフなファッションの若者も、お茶を淹れる場になるとたんに茶人の所作になるのだ。

茶の嗜好品的価値

酒やチョコレート（カカオ）のように、身近でありながら生存に必須でない嗜好品は、人間の生理的欲望と社会的功名心を両方刺激する魔術的魅力がある。味や香りの微細な違いを峻別する美意識は、単なるグルメを越え、美術品を吟味する鑑識眼のような教養だ。そして「違いがわかる」センスと「違いに大枚をはたける」財布の分厚さは社会的ステータスに直結する。高級レストランのワインリストを眺めて「今日のコースにはこのワインが合う」とボトルを注文できる人物には「こ……こいつデキる」という畏敬の視線が寄せられる。だから発酵させたブドウジュース（ワイン）やカカオ豆（チョコレート）にとんでもない値札がつくのだ。値段が高いから価値があるのではなく、極端な値段の振れ幅のなかに価値が生まれるのだね。

中国社会においてワインやカカオに相当するものが茶だ。まず物理的な官能性の高さや、飲んだ時の驚きが生理的欲望を満たす。そして生産地のストーリーや製法の繊細さ、茶をとりまく道具や作法のリテラシーが鑑識眼を養い、その鑑識眼が社会的地位を主張する。味わう、語る、金を払う。この３つの欲望を同時にドライブさせる食材は、搾取されがちなローカルの産業基盤を支える貴重な商品なのだ。

嗜好品の最たるものであるお茶のなかでも、シーサンパンナ特産のプーアル茶には、他の茶にはないプレミアム要素がある。それは「熟成」の魔力である。

「娘が生まれたら、プーアル茶の新茶を何箱か買っておきます。二十数年経って、娘が結婚する時に、嫁入り費用を熟成したヴィンテージプーアル茶で支払うんですよ」

ダーリーの茶館でこんな逸話を聞いた。新茶では二束三文のプーアル茶だが、年を経るごとに価値が高くなっていき、10年20年と経つ頃には立派な資産になってしまう。出荷した直後が最高で、時間とともに劣化していく日本の緑茶とは逆の価値観だ。時間軸が長くなるほど価値が増していく微生物発酵の強みを存分に活かすのが、プーアル茶（黒茶）の真髄。雲南省でプーアル茶がブランド化していったのは、もちろんユニークな味わいもあるのだが、資産として時間をかけて運用できるという点にあったと言えるだろう。


「発酵文化の研究者だって？　じゃあプーアル茶の製茶工場を見ないとね！」

お茶会の翌日、ハニの青年たちがプーアル茶の工場を案内してくれることになった。南糯山から車でほどない、パッと見の外観は立派だが、中に入るとレトロ感あふれる、雲南スタンダードの工場。リアルローカル発酵茶の現場見学だ。

工場のお兄さんが案内してくれたのは、やや小さめの体育館のような天井の高いがらんとした空間。そのまんなかで、ビニール状のふとんをかぶせた小山からアヤしい湯気が立ち上っている。恐る恐る近寄ってふとんをめくってみると、落ち葉のようにうずたかく積まれた茶葉から、ややアンモニアっぽい感もある強烈な発酵臭と熱が放たれている。よーく見てみると、白いカビのような菌が茶葉を覆っている。

このプロセスは、日本の藍染の発酵で見かけるものだ。前述のように徳島では藍染の原料に「すくも」という蓼藍の葉を発酵させてつくった腐葉土のようなものを使う。葉を重ねて密度を上げ、そこに菌をつけてふとんを被せて熱と湿度をこもらせることで、茶葉を分解するタフなカビや糸状菌、酸素を呼吸する特殊なバクテリアなどを働かせて葉のなかにある栄養分を引き出し、変質させていく。そして最後は水分をカラカラに乾かして保存性を持たせ、遠くまで持っていけるようにする。この「発酵・乾燥させて長期保存可能な葉のカタマリ」、藍染だったらすくもで、茶だったらプーアル茶なのだ。さてこのプーアル茶の発酵方法、伝統的なものですかと聞いてみたら、実はけっこう最近にできたものらしい。

それではプーアル茶のアウトラインを見ていこう。

まずプーアル茶とは何かやや詳しく説明する。前述したように、茶葉に熱を加えて揉み込む。ここまではだいたい緑茶と一緒で、他の茶の工場と同じような設備で加工する。だが次のステップがプーアル茶特有で、熱と摩擦によって漏れ出た茶葉の栄養素を、微生物に食べさせて発酵させるのだ。この時に微生物を強制的に茶に付着させる方法と、放置した状態で自然に発酵が起きるのを待つ2つのやり方がある。前者の強制発酵スタイルを「熟茶」、後者の自然発酵スタイルを「生茶」といい、僕が工場で見せてもらったのは熟茶の強制発酵プロセスだ。なお日本に輸入されるプーアル茶のほぼ全てが熟茶で、生茶は高級中国茶の専門店でないとお目にかかれない。

熟茶は短期間に安定して発酵を進めることができる便利な方法で、20世紀中頃、微生物学が発達していくなかで普及した。高速で茶葉を分解することができるカビをはじめ真菌類をメインに使う。お茶にも麹の原理が使えるのだ。数百年以上継承されてきたプーアル茶のオリジナルスタイルは生茶。最低数ヶ月、長いものでは30年以上ゆっくりと発酵と熟成を進めるヴィンテージ茶まで、茶葉のクオリティ×熟成によってピンからキリすぎる無数の商品が流通している。なお3年以内の生茶はプーアル茶独特のコクが物足りず、5年以上の生茶でなければ値段の高い熟茶を選んだほうが当たりが多い。

お茶屋さんに行くと、大きく3種類のプーアル茶のパッケージを見ることができる。一つは散茶《さんちゃ》といって、烏龍茶や緑茶のように茶葉がバラバラになっている状態のもの。次に沱茶《トウチャ》といって、小さなお団子状に茶を固めたもの。一回使い切りで淹れられる直径2〜3㎝のボール状のものが一つ1元ぐらいで売られているのでお土産にぴったり。最後は餅茶《ピンチャ》といって、円盤状の大きなお餅のようなかたちに茶葉を固めてあるもの。この餅茶こそがプーアル茶の本道であり、古代の茶のカタチを留める歴史的資産なのである。

この餅茶を細かく見ていくと、雲南において茶がどれだけ特異的な価値を持つ嗜好品であるかがわかる。餅茶には統一規格があり、直径20㎝、重さ357g、中心の厚さ2・5㎝、端の厚さ1・3㎝ということになっている（安いヤツは厳密に守られていないのだが……）。熟茶の場合は強制発酵した後、生茶の場合は加熱して揉捻した後に茶葉にプレス機で熱と圧力をかけ、円盤状に成型する。そこに包装紙をかぶせると、いかにも伝統茶！　というオーラをまとったプロダクトになる。この円盤状の餅茶を7つ重ねて笹の葉などでくるむと1ユニットで「七餅茶《チーピンチャ》」という。

雲南が近代化される以前、20世紀中盤まではこのユニットを馬の背中にたくさん載せて北へと運搬していたのだという。この「北へ」というのがまたスケールが大きい。ちょっと隣の県まで、というレベルではなく、標高はるか数千メートル上の異世界へと出荷されていったのだ。

多民族シンジケート、マーパン

ここでシャングリラで飲んだ味噌汁茶について考えてみよう。野菜が栽培できない高地で生きるチベットの人々にとって必須のビタミン源だ。雲の上の荒野で生きる人々にとっての味噌汁。この「味噌」にあたるものが、七餅茶の源流である。

熱帯のシーサンパンナでパッケージした茶を、馬の背中に載せて、標高5000m級のチベット世界へと運ぶ。数えきれない山を越え、谷を渡り、数ヶ月かけて運んでいく。僕たちが車で行っても苦労した道を、馬と人力だけで輸送する。これが茶馬古道の始まりである。長い長い旅路のなか、ゆっくりと発酵し、出発する時よりもむしろ味わいが深くなっていくプーアル茶が、南の辺境から北の辺境への長距離輸送に適したプロダクトだったのだ。

雲南独自の茶の発酵文化が花開いた背景には、味の嗜好だけではなく、雲の上の高地にビタミン源を劣化させずに運ぶ必然性があった。サバイバルが第一で、嗜好品的価値は「結果的に」生まれたものなのだ（そして文化的価値は、往々にして高い値付けをするマーケティングの外側から生まれるものだ。芸術や文学もまた然り）。

チベットまで運ばれたプーアル餅茶。デザイナー目線で気になるのが、長距離輸送に特化し、厳密に統一された規格だ。どれも同じ重さと大きさで個数も7個1セットで数えやすい。これはつまり「貨幣」のようなものなのではないか？　貴重な栄養源で、風味や熟成を楽しむ嗜好品で、軽量で値の張る高付加価値商品。これは近代以前の貨幣の条件をバッチリ満たしている。つまり「茶馬古道」とは、茶を貨幣として結ばれた多民族間交易ルートなのではないか……。

ここで時計の針をナシ族の都、リージャンに巻き戻す。

中心地から少し離れた場所に、近世まで機能していたという茶馬古道の元関所があった。シーサンパンナを起点として、ダーリー、リージャン、シャングリラといくつもの民族世界を経由してチベットへと茶が届けられる。そこには中世の日本のように関所があり、ここからはペー族の土地、ここからはナシ族の土地、というように旅の許可をもらいながら、茶の商人たちは目的地へと向かっていた。そこまではなんとなく想像できる。

ここからさらに細かく想像してみる。シーサンパンナからチベットのラサまでは少なく見積もって3000km以上、しかもその大半が険しい山道だ。

「この果てしない道を、ナシ族のキャラバンが最初から最後まで受け持っていたのですか？」

元関所の管理人だったおじいさんに聞いたところ、

「それは現実的じゃないでしょう。この関所はね、異なる民族のキャラバンへと荷渡しをする場所だったのです。シーサンパンナはハニ族、ダーリーからはペー族、リージャンからはナシ族、タンチョンからはイスラム系の回族というように。各民族に担当エリアがあるんですね」

文化も風習も違うキャラバン隊がバトンリレーしながら商品を運ぶわけなので、受け渡しの時に計算の違いが起きないよう、茶を厳密に規格化する必要があったわけだ。どこで誰が計量したり換金しても同じ結果になるようにプーアル茶は設計されている、つまり異文化間で交換が適切に行われる＝貨幣としての機能を持つようにデザインされているのだ。

最初は南国のローカルな日常の楽しみとして生まれたお茶が、遠く離れた高地の栄養補給に役立つことがわかり、遠方まで運べる加工法と発酵テクニックが開発され、さらに統一規格がデザインされて民族を横断する貨幣となった。これが茶の歴史のダイナミズムだ。

茶の輸送を請け負っていたキャラバンを「馬幇《マーバン》」という。雲南の様々な民族たちで構成されていた。

「それぞれの民族ごとに組織されていたんですか？」

「いいえ。異なる民族間でも同じルールを共有するギルドのような組織でした」

雲南の茶馬古道のルートを整理してみよう。まず産地はシーサンパンナ。そして出荷はプーアル。次の要所は、南北東西のハブとなるペー族の下関（シャーグゥマン）である。ここで茶が運ばれる方角が振り分けられる。まず西ルート。烏龍茶の工場を訪ねたタンチョンを通ってミャンマーの山岳地帯へ。次に北ルート。ナシ族のリージャンを通ってチベットのラサへと茶が運ばれていく。

リージャンは茶馬古道の複数ルートのハブになっている場所なのである。チベットとミャンマーの分岐点になっている地理的要因以外に、なにか理由があるのだろうか？

「ナシ族には商人が多かったので、茶の運搬のリスクを担保するスポンサーになることも多かったのでしょうね」

馬幇は単なる配送業者ではないのだ。茶を仕入れ、値付けし、さらに輸送まで請け負う商社のような存在でもあったのだ。その時の金銭的リスクを受け持つことが多かったのが商売上手のナシ族。

「リージャンから北へ向かうルートは、細い崖の道を通ったり、断崖絶壁を登ったり、激流の川を渡ったりとそれは厳しいものでした。その時に屈強で勇敢なチベット族が活躍したんですよ」

なるほど。馬幇でもそれぞれの民族を活かしたチームビルディングがあったのだ。

茶馬古道は、中世の南詔国時代に原型がつくられ、中国に統一された13世紀頃からアジア中の物流の心臓部としてシルクロードと同じような影響力を持つようになる。平野が1割で、他は険しい山脈の占める雲南では、山沿い川沿いの細い崖道を通ってしか輸送の手段がなかったのだ。

茶馬古道が最盛期を迎えたのは19世紀後半から20世紀前半。意外にも大英帝国がインドの東へと勢力を伸ばしていた時期である。イギリス人お気に入りの茶をはじめ様々な産品の輸出量が激増した時代、山だらけの雲南では鉄道も敷けず海もないので海運も不可能。中世から使われていた茶馬古道を利用するしかなかったのだ。この時代に馬幇が大規模化、それまでなかったような多民族の混成部隊もつくられた。第二次世界大戦中、茶馬古道は日本と中国・連合国軍との戦争の舞台にもなった。20世紀前半にこのルートが物流の要所となったのは、日本の海軍が中国沿岸部の海運を押さえてしまったのが大きい。陸路では馬幇の混成部隊が、インド目掛けて西進する日本の陸軍に抵抗するゲリラ部隊となった。山を知り尽くした彼らは日本軍にとって手強い敵となったことだろう。

リージャンにある茶馬古道の資料館や、当時の記録を調べると、馬幇の凄まじさが見て取れる。宿も飲食店もない険しい山や川を何週間も旅をする。そのためにはまず最小限の荷物で厳しい気候を生き抜く上級アウトドア知識がいる。次に馬の世話をするための生物学的知識もいる。さらに山賊に襲われても撃退できる武力も必要だ。このような複合知識と胆力を兼ね備えたリーダーは「馬鍋頭《マーグオトウ》」と呼ばれて尊敬された。この馬鍋頭がミニマムでは25頭、多い時では数百頭の馬を連ねてヒマラヤ越えを目指した。当時の写真を見ると、激流の川に渡したロープにしがみついて茶を運んだり、馬一頭がやっと通れる崖の中腹に簡易テントを立てて寝泊まりしたりしている。

自分の馬が崖から落ちた時は子供が死んだ時のように悲しみ、自分の持ち場が終わる関所では涙を流して仲間との別れを惜しんだという。

標高3000mを越す高地の冬、凍てつく身体を温めるために白酒をあおり、効率的にカロリーや塩分を取るためにヤクのバターを舐める。僕たちが出会った食文化は、茶馬古道を旅するキャラバンの悲哀が詰まっている。

ピースフルな雲南流茶会

茶のふるさと、雲南。

茶を愛する日本民族（中国語では「族」の字をズーと発音する。少数民族王国の雲南で日本人が「お前は何族だ？」と聞かれたらジャパニー「ズー」と答えるのが鉄板のジョークだ）の僕としては茶の原風景のような懐かしい場面が見られるのではと予期していたのだが、それは半分正解で、半分間違いだった。

まず「淹れかた」が根本的に違う。日本で圧倒的に主流なのが「緑茶」で、比較的大きめな急須ややかんで茶葉をお湯で「煮出して」飲む。シーサンパンナはじめ雲南西南部で日常的に飲む中国茶は黒茶や紅茶。

雲南流は茶葉をお湯に長く触れさせることがない。小さな急須にお湯をかけ流しながら、同じく小さなカップで小刻みに杯を重ねて茶葉が徐々に開いていくのを楽しむ。日本茶がお湯で煮出す「煎茶」なら、中国茶はお湯で包み込む「泡《パオ》茶」だ。日本茶はお湯を一定時間留めることが、中国茶はお湯を留めることなく流し続けることが善なのである。

次に「タイミング」を見てみよう。

オーソドックスな日本茶は、一煎目が一番濃くて美味しいとされる。しかし雲南スタイルでは一煎目はたいがい捨ててしまう。烏龍茶やプーアル茶では美味しいのは三～四煎目。これは茶葉および茶樹の生える大地に対する両国の思想の違いによるものだと僕は考える。

例えば、日本の茶は中国のそれと比べると揉み込みがめちゃくちゃ強い。うま味や渋味がすぐにお湯に移るように、植物細胞をやれるぶんだけ破壊している、という感じだ。対して雲南の製茶の現場に行くと、揉み込みが浅い。烏龍茶の場合だと、茶葉を竹籠に入れて回転させ、遠心力と摩擦熱でソフトに細胞を傷つける。加熱の後の揉み込みもけっこう優しい。白茶に至ってはいっさい揉み込まないという潔さである。

さらに「思想」も違う。

揉み込みの顕著な違いがどこから来たのか？　という議論を茶園の住民としてみたらば、「茶の生命力をそのまま取り込む」という思想が垣間見えた。

「加工しないで済むならなるべくそのままにしておく」

茶森を案内してくれたハニ族の青年の言である。生命力の強い銘茶であるなら、茶葉はなるべく傷つけない。お湯をかけ流しながら、ゆっくりとその生命力を引き出していく。

驚くことに、彼に案内してもらった古木の茶園では、いっさい肥料を使っていないそうだ。日本では茶畑に窒素肥料を入れて、茶葉のうま味成分を強化していくのが是とされる。しかしこの土地では数百年生き抜いてきた生命力に外から何かを付け加えることを好まない。

大地の力をそのままいただく。それが可能な「強い生命力」に高い値段を出す。これが茶のふるさとの懐の深い世界観なのである。日本流の「素材の良さを引き出す」思想は、そのまんま、というよりあれこれ手を尽くして加工して美味しさを引き出す工夫を指すようだ。中国は「工夫」の上位に、そもそも工夫が不要なレベルの逸品の「選択」があるのだね。

僕は職業上、日本の伝統文化に関わることが多いのだが、伝統の象徴の一つである茶道が実はニガテだ。前提知識や作法が求められるため、茶席に招かれても緊張のあまり、お茶の味を楽しめない。「えっと、座る場所は？　茶碗の持ち方は？」と、お家柄のよろしくない野良出身の自分には、日本の茶道に求められるリテラシーの高さは正直ツラいものがある。そんなお茶のニガテ意識がカンペキに払拭されたのが、ここシーサンパンナだった。

ここは由緒正しきお茶のふるさとであると同時に、身分の貴賤なく、知識の多寡も関係なく誰しもが超フリーダムにお茶を嗜める、〝カジュアル茶道天国〟なのである。同じ雲南でも、大都会のクンミンの茶館に行けば、豪華なインテリアのなか、仰々しい茶器を細かく使い分けていかにも「道」っぽく茶を淹れる。しかし田舎に行けばいくほど、建物も茶器も簡素になっていく。

究極がシーサンパンナの山の中だ。軒先や中庭、あるいは茶園の前に１００円ショップで売っていそうなボロい椅子を出して座り、同じく１００円ショップで売っていそうな器を組み合わせて茶を淹れる。そう、100円ショップっぽいものだけで催す「チープ野点《のだて》」がシーサンパンナ茶道の真骨頂。

地元の民族衣装や人民服を着たおとうさんおかあさん、H&Mをさらにチープにしたようなストリートファッションのおにいちゃんおねえちゃん。僕はあちこちの茶園を訪ねながら、地元の老若男女とチープ野点を心から楽しんだ。

ここで皆さまにカジュアルな中国茶会のエンジョイ方法をご紹介しよう。まずはテーブル上に湯を沸かし続けられる道具（電気コンロが定番）を置く。基本の茶器は4つ。まず茶を淹れる急須。カジュアル茶会の場合、蓋碗《がいわん》という大きめの茶碗にフタがついた容器で代用されることが多い。そして飲杯という小さなカップ。茶を淹れる道具と飲む杯。ここまでは日本式と同じ。この2つに加えて、水盂《すいう》というお湯を捨てる茶こぼし皿が、お湯をかけ流す「泡茶」には必要（とはいえ格式ばったものはいらず、適当な壺かコップでもいいし、野点の場合は地面に捨てることも）。

加えて、急須で淹れたお湯をカップに注ぐ前に、茶を溜めておく茶海《ちゃかい》という器があると良い。中国式のお茶は、日本茶のように長い時間お湯を茶葉に触れさせておくのを嫌うので、15秒~1分弱程度急須にお湯を入れたら、茶を茶海に移してしまう。そうしないと茶が渋くなりすぎるし、すぐに茶葉が出がらしになって何煎も楽しむことができない。日本の茶道だと参席者一同が同じタイミングで茶を飲んだりするが、中国式はみんなそれぞれのペースで勝手に茶を飲むこともあって急須とは別に茶海が必要になるのだね。

　卓上ではお湯が沸き、道具が揃った。それではさっそく茶を淹れていこう。まずは茶を淹れるホストを一人任命する。茶を淹れてみんなの杯に分配する役割だ。

　一煎目。ホストが急須のなかに茶葉を入れる。中国茶は日本茶のように細かく刻まれておらず、そのまんまの葉っぱがやや丸まって縮こまったかたちで入っていることが多い（烏龍茶や紅茶など）。プーアル茶の場合は、茶葉がブロック状に固まっているものを削り出して急須に入れる。茶葉の上から湯を注ぐ。中国式では緑茶でも烏龍茶でもだいたい沸騰している熱湯を使う。湯を注いだら、15秒～1分弱待って一煎目を

参加者の飲杯に注いで器を温め、発酵茶の場合はそのまま水盂に湯を捨ててしまう。この時に杯に移った香りをカッピングしてどんな茶なのか香りから想像すると「通」っぽい感じで気分が盛り上がる（ほんとは香りを嗅ぐ用の細長いカップがあったりするんだけどカジュアル茶会では省略）。

二煎目。縮こまった茶葉が一煎目の湯で開き、器が温まったところで本番開始。茶のうま味を味わえるようになる（ただし緑茶の場合は一煎目から飲む）。ホストが茶海から各々の飲杯に茶を注ぐ。ショットグラス程度の容量なのでほぼ一口で飲み終わり「美味しい！」というため息や、茶を歯ぐきにさらしてテイスティングするジュルジュルという音が聴こえて、一気に茶会モードになっていく。

三煎、四煎と杯を重ねるごとに、風味が変わっていく。もちろん個別の茶の個性にもよるのだが、前半は香りや甘味が強く、後半はうま味や渋味が強くなっていく。だいたい五煎前後で次の茶葉にチェンジする。淹れる茶の順番も音楽のＤＪと同じく各自のセンスによるのだが、スッキリめのお茶からどっしりしたお茶に移行していくことが多い。烏龍茶縛り、プーアル茶縛り、あるいは同じ産地の製法違い縛りなど、ルールを設けてやっても盛り上がる。

茶会中の私語は自由。トピックスは世間話でも恋バナでも何でもいいのだが、レベルの高い茶を持ち寄るとだいたい茶の感想になる。ホストも比較的テキトーに茶を振る舞うし、ゲスト側も出されたお茶がちょっと好みじゃないな……と思ったら躊躇《ちゅうちょ》なく茶を水盂に流してしまう。茶会中に電話で家族と話したり、タバコふかしたり、お茶請けを食べたりとみんな自由気ままに振る舞い、多い時で4〜5種類の茶を飲み終わったらなんとなく雰囲気で解散、という流れである。ちょっとしたコツを覚えれば、誰でもすぐに参加できるし、お気に入りの茶が何種類かできれば気軽にホスト役にも挑戦できる。ハードルが低く、気軽かつエンドレスに遊び続けることができる愉快な嗜みなのである。

夕暮れ前のゆったりした午後の時間に近所の仲良しで卓を囲むシーサンパンナの街角の風景。ちょっとバランスを崩すと転げ落ちてしまう安手の椅子に座り、ヒビが入った耐熱グラスとそのへんに置いてあった小皿をフタ代わりにかぶせた即席ポットで、お湯がこぼれるのをお構いなしに茶を淹れる。地面にはクチャクチャ噛み捨てたヒマワリの種の殻と、タバコの吸い殻が散乱し、緊張感ゼロのリラックスモード。しかし集ったメンバーはみんな先祖代々茶を生業とするエキスパートである。

無造作に茶葉を選び、テキトーな所作で淹れたその一杯が飛び上がるほど美味い。二杯三杯とおかわりするうちに額にうっすら汗が浮かんでいく。強い陽射しの向こう、山からそよ風が吹いてきて汗を乾かす。シュンシュンとやかんから湯の沸く音、家の軒の上でさえずる鳥の鳴き声、「ぷぇぇ、ぷぇぇい」と間抜けに鳴く水牛たちの声が遠くから聞こえてくる。

眼前には果てしなく広がる茶樹のジャングル。

３６０度、全方位で平和である。

茶の本質は、心の平穏。俗世の慌ただしさで汗と土埃にまみれた己の精神の伽藍のなかに吹く安らぎのそよ風、それが茶の尊さ。力強い土から生まれた生命力を口にすると、口いっぱいにたおやかな香り、濃厚なうま味、滋味あふれる苦味、まろやかな甘味が万華鏡のように花開いていく。

しかし喉を通る時にはその複雑さは揮発し、穏やかなのに鮮烈な涼やかさがミントのように香って消える。その余韻はほんの一瞬のはずなのに、全神経が持っていかれてしまうような、意識が空に飛んでいってしまうような不思議な味わいなのだった。

形式がフリーなぶんだけ、味と景色に集中できる。これが雲南式茶会の悦楽だ。

心の平穏に、センスフルな茶器も肩肘はったマナーもいらない。必要なのは、眼の前にある自然を愛でる心と、リラックスできる仲間たち、そして茶の快楽にまっしぐらな食いしん坊スピリットだ。

第Ⅱ部

幻の糀村へ

ネパールからインド

北東インド〜ネパール地図

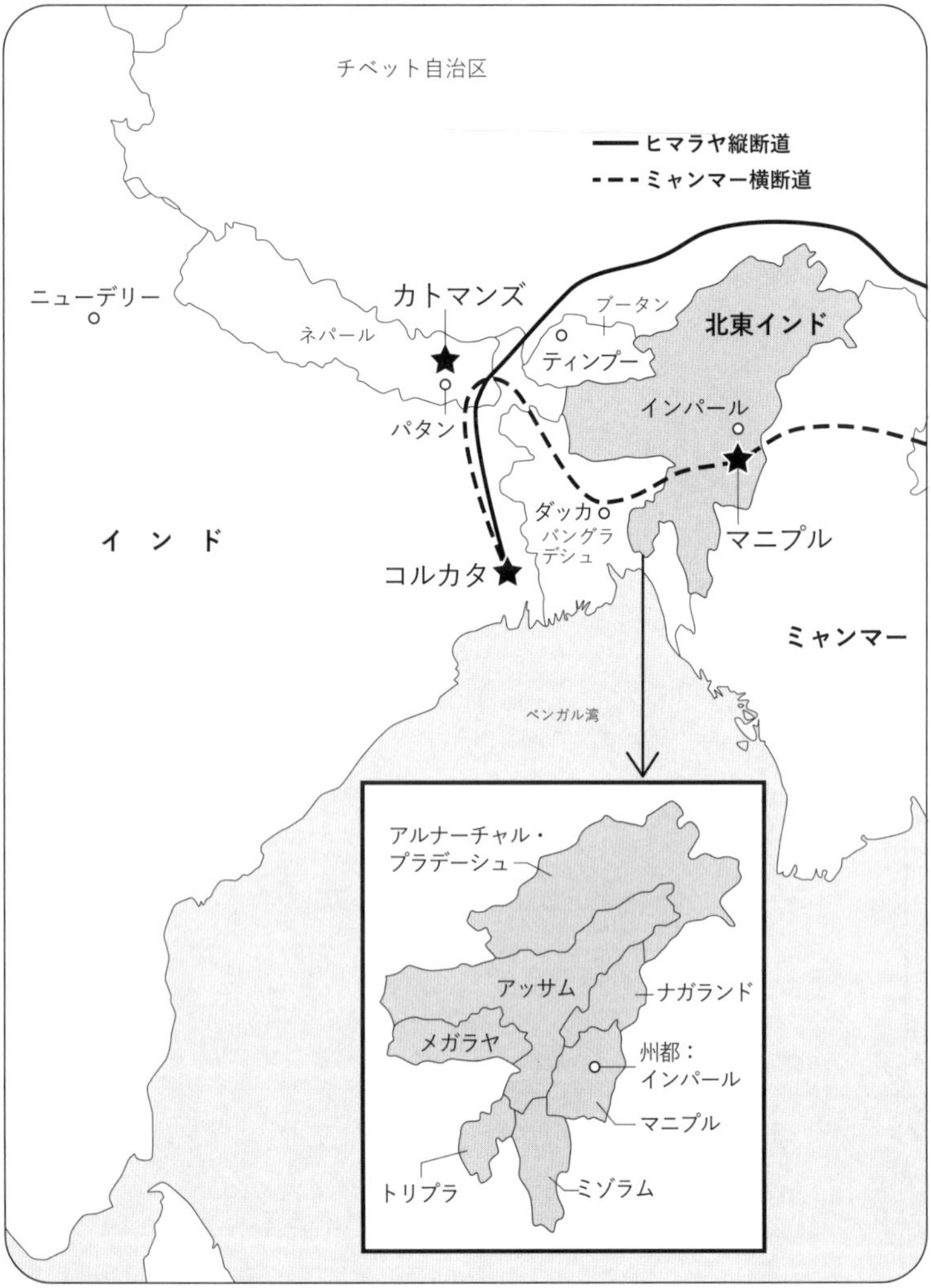
チベット自治区
ヒマラヤ縦断道
ミャンマー横断道
ニューデリー
カトマンズ
ネパール
ブータン
ティンプー
北東インド
パタン
インパール
マニプル
ダッカ
バングラデシュ
イ ン ド
コルカタ
ミャンマー
ベンガル湾
アルナーチャル・プラデーシュ
アッサム
ナガランド
メガラヤ
州都：インパール
マニプル
トリプラ
ミゾラム

幕間：ヒマラヤが運ぶ発酵文化

馬幇が歩いた遥かな道にはまだ続きがある。チベットのラサまで道を登り切ると、そこから今度はヒマラヤを西に南下していき、ネパールやインド東部へ達する道である。もうひとつ、雲南中部のハブとなるリージャンやダーリーから北ではなく西へ行き、ミャンマーを越えて同じくインド東部へ至る道だ。つまり今回の旅の最終目的地は、インドの東部らしいのだ。

正直この旅に出る前は、茶馬古道は熱帯からヒマラヤ高地に茶を届けるための道だと思っていた。しかし現地で様々な場所や人に出会ううちに、この道はアジア屈指の山岳地帯を、様々な民族たちが協力して物資を運ぶための生命線であることがわかってきた。

ヒマラヤ高地はまだゴールではなかった。茶のふるさとは訪ねることができたが、本丸である「糀」のふるさとにはまだたどり着いていない。

確かにリス族の村でユニークな薬草麹を発見したりもした。しかし原料は麦やコーリャンであり、一般的な中国麹のカテゴリーの範疇である。旅の途中に、種麹の培養メーカーを訪れたりしてみたのだが、雲南では麹の大半は麦原料のものであるという。僕の先生たちが提起した「日本の米麹は雲南省起源説」を立証することはできなかったのだ。

やはり古代の米麹は失われてしまったのでは……と諦めかけていた時に、ミャンマー国境で会った甘酒売りのことを思い出した。麹文化は雲南のさらに西にも伝播している。ということは？

地図を取り出し、雲南省の西の続きを確認してみる。シーサンパンナの西隣にはミャンマー、そしてさらにその西隣は……あれ、バングラデシュかと思いきやインド？　北東に飛び地状の土地があるのだ。シーサンパンナと並ぶ茶の産地、アッサムが扁平にバングラデシュの上にかぶさっている。

北に目を移してみよう。シャングリラを入り口としてチベット世界の都、ラサから西南に下って行ってもやはりインドに辿りつく。西ベンガル州のダージリンはアッサムと同じく茶の名産地だ。このあたりにも、もしかしたら麹を使った発酵文化があるのではないか？

アジア発酵街道

「西ベンガル州のコルカタで、インドっぽくない発酵食品を食べたことがあるんだ。インドの東の端っこ、スパイス文化と発酵文化の境界がこのあたりなんじゃないかなあ」

地図とにらめっこしていたら、友人のスパイス料理のスペシャリスト、水野仁輔《じんすけ》さんと世間話していた時のことを思い出した。

彼の言うインド東部、西ベンガル州都のコルカタ近くに目線を走らせてみると、すぐ右隣にバングラデシュ、上にはネパールとブータン、その先にはミャンマーや中国・チベットが続いている。なるほど、水野さんの言うことを信じるならば、コルカタから東は雲南省とつながる、アジア随一の民族混淆地帯、すなわち食の混淆地帯、つまり発酵カオス地帯である。

このカオス地帯をつなぐ茶馬古道を、僕としては「アジア発酵街道」と名付けたい。

雲南～チベットを経てヒマラヤを登り、そこからベンガルへと降りていくのが、アジア発酵街道の「縦断道」。対して雲南中部からミャンマーを越え、同じくベンガルへと至る道が「横断道」。シーサンパンナの熱帯林からベンガル湾へと西に半円の弧を描くこのエリアこそが、アジアの発酵文化のふるさとなのではないか。

湿潤な東南アジアから、極寒のチベット高地、乾いた灼熱のベンガルへとめまぐるしく気候条件が変わり、そこに住む民族も数十は下らない。仏教、イスラム教、ヒンドゥー教、キリスト教に加えて様々な土着の信仰が根付く文化の坩堝である。しかも険しい山々が連なっているので、①各集落が隔てられがちで、②平野部や海沿いのように簡単にモノを運搬することができない。この二つの条件を合わせて導かれる公式はこのようになる。

・各土地で保存食の技術が発達し、山のルート沿いに伝播する
・伝播した先の土地の特性に合わせてバリエーションが生まれる

発酵文化は、食材に恵まれたリッチな土地で発達するとは限らない。むしろ、長い冬に閉じ込められ、流通が制限された厳しい土地でこそ限られた食材を長いあいだ保存し、かつ栄養価を高めるためのサバイバル技術として発酵文化が花開いたりする。そうして生まれた発酵食品は、腐らず健康に良くてしかも他にはない独特な味わいになる。この三条件を満たすと、サバイバルのために生まれたローカルプロダクトが、付加価値のついた商品として他の地域に輸出されていくことになる。

これは僕が世界各地の発酵食を訪ね歩いて気づいた「発酵文化の伝播ルート」のモデルだ。何かしらの自然条件で隔てられた集落が、比較的近い距離で集まっている。ポイントは「隔てられているが、集まっている」という矛盾した条件の共存である。典型としては、大きな川沿いに連なる山村と、小さな島が星団のように散らばる島嶼《とうしょ》部の二つ。前者は山の極端な起伏で隔てられ、後者は海によって隔てられている。しかし地図で見てみると、ある特定のエリアに集落が密度高く点在している状況になる。僕たちが住む日本が発酵大国と呼ばれる所以は、この二つの地形条件が列島のあちこちにあるからなのでは……と僕は推測している

（いつか地理学の研究者と一緒にリサーチしてみたい）。

第Ⅰ部で旅した茶馬古道は、ヒマラヤから険しい山々を流れる金沙江沿いに、無数の民族の集落が散らばり、発酵文化が発達する地理条件が巨大なスケールで広がっている。その地理条件の有利さに加え「お茶」というエリアを越境する付加価値のカタマリみたいなプロダクトが介在することにより、文化の伝播が促されていったのだ。それでは、雲南から登ったヒマラヤを、今度は反対の西に向かって下っていくもう一つのアジア発酵街道にはどのような文化の伝播があるのだろうか？　これが後半の旅のテーマである。中華世界とインド世界のあいだの未知のグレーゾーンを、西へと向かって辿っていく。そこには水野さんの示唆した「スパイスと発酵のあいだ」の豊穣な世界が待っている、はず！

インド世界の見取り図

第Ⅱ部の旅は、インド世界辺境が舞台だ。日本人が一般的にイメージするザ・インドと言えば、ムンバイやデリー、バラナシのような地名が思い浮かぶ。ヒンドゥー語を話し、ナンとカレーを食べ、グラマーな男女が歌い踊る……このようなイメージは、広大なインド世界のごく一部を切り取ったものだ。反対の南東部に向かうにつれ、ヒンドゥー語は通じなくなり、カレーのスパイス感が顕著に弱くなり、ナンではなく米を食べるようになる。

中国と同じく、インドはひとつの「国」というより広大無辺の「宇宙」なのである。現代では国境で分かれてしまっているが、インドに隣接するパキスタン、ネパール、バングラデシュもインド世界の一部だ。

「インドといえば、カレーとナンとラッシー」これは意図的に切り取られたインド世界の食文化のほんの一端である（和食における寿司と焼き鳥のようなものだ）。ヒンドゥーを母体に、仏教やジャイナ教など様々な信仰が生まれ、さらにイスラム教やキリスト教などの異教徒たちも合流してかたちづくられたインド世界。信仰と同様に、食も多種多様な文化が雑多に入り混じってカオスを形成している。肉を食べるか食べないか。これは信仰の実践に直結している。酒を飲むか飲まないか。これは階級の上下に関係している。どのような食材を選び、どのように加工するか。これは民族のアイデンティティに直結している。

インドの発酵文化を紐解いていくと、ヒンドゥーインド世界の枠に収まらない、汎アジア的な寛容さ、アナーキーさがあらわれてくる。第Ⅱ部の旅の舞台は雲南から北東インド世界へと続く知られざる民族カオス地帯。ここにはアジア中の精神性と味覚と微生物が、ぬか床のように醸され沸き立っている。

第6章：混沌のヒマラヤ発酵カルチャー

「ただ生きていること」の濃密さを思い出せるのが、インド世界へ旅する良さではないだろうか。

ふだん無意識でやっている、ただ呼吸して食べて歩くだけのことが、負荷と発見を伴うイベントになる。生きること全部がイベントになった結果、客観的には何もしていない状態になる。ただ街角に座って、呼吸しているだけ。ただ交差点を渡って、道沿いのバザールを通過するだけ。それだけなのに、通りがかりの人と視線が合う、世間話する、交渉事が始まる、一歩進むごとに過剰すぎる情報量に目眩がする。ただ生きてるだけでカロリー使うので、もはや「何かをする」必要性を感じない。

あれ？　これがいわゆる「沈没」というヤツ、なのか……。

生命力に溢れたアジアの街角を目の当たりにした高揚感。「今日はこれをしよう、明日はあそこに行こう」と用事をつくってあちこち動き回るつもりだったのだが、3日目には用事を遂行することをギブアップしてしまった。近所を散歩して、お茶を飲んだりお寺に行ったりするだけで凄まじい人間の渦と色彩と香りと動物たちの物量にやられ、屋台でお茶飲んで隣に座っている人たちとおしゃべりするだけで1時間くらい経っている。この濃さでさらに目的をもって何かをしたら心身ともにバグりそう……。なんにもしなくても、宿に見知らぬ人が訪ねてきたり、ちょっとした買い物したりするだけでもいちいち人と話してイベント感が生まれたりしてしまうので、日本人式の「今日は〇〇をしよう」という目的を立てなくても、旅の非日常感を味わえるのだな。

カトマンズの混沌

今回の旅の起点は「アジア発酵街道」ヒマラヤ縦断路とミャンマー横断路の合流地点となるネパールである。2022年の暮れ、まだコロナ禍のくすぶる中国と違い、ネパールの国境はもう開いていたので、成田から週3便飛んでいるネパール航空で一路、首都カトマンズへ。飛行機のなかは、久々に帰省するネパール人でいっぱい。席につくと、近くの人たちが日本語か英語でどんどん話しかけてくる。

「3年ぶりに田舎に帰るよ。お母さんの顔見るの楽しみ！」

「あらあなた、ネパール行くの？　日本人はもう海外旅行するのね」

「ネパール行くならポカラ（ネパール中部の山岳リゾート）に行かなきゃ！」

「ドライフルーツ食べる？」

みんな待ちに待った帰省でご機嫌だ。バカンスシーズンの長距離便は乗客同士でおしゃべりすることがよくあるけれど、ネパールの人たちは本当に人懐っこい。和食のお店で働いているという隣席のお兄さんとおしゃべりしていたら、斜め後ろの席のシルバー夫婦が会話に入ってくる。そしたらさらにその隣の子連れカップルが……と際限なくおしゃべりしているうちにいつの間にかカトマンズに着いてしまった。機内食もさっそくスパイスたっぷりだし、飲み物はジュースやお茶だけだし、見知った東アジアとは異なるインド世界への旅は機内からすでに始まっている！


バックパッカー旅の定番中の定番、カトマンズ。僕もバックパッカーを長らくやっていたのだが、実は初めての街だ。どんな混沌が待っているのか……いやいや、それはもう十数年前のステレオタイプで、発展目覚ましいアジア諸国、日本とそう変わらない近代的な街並みになっているに違いないと空港を一歩出た瞬間、というか空港の出国ゲートを通過した瞬間に、予想斜め上のアジア的混沌が僕に殴りかかってきた。

「ナマステマイフレンド！　日本人か、コンニチワ！」

「タクシー、15ドルにまけとくよ！　ホテルは予約してあるか？」

と、20年くらい前にバックパッカー旅を始めた頃を彷彿《ほうふつ》とさせる客引きがどどっと押し寄せてくる。空港のターミナルのはじっこにヒマそうに停まっているタクシーと交渉して、7ドルくらいで街の中心部へ。何事も交渉事から始まるこの感覚、な、懐かしい……（ちなみに中国は田舎に行ってもホテルもタクシーもお土産屋さんも値段交渉なし）。

夕方、日が沈みかける前にカトマンズの中心部に到着。予想外に寒い。ダウンを着ないと風邪を引いてしまいそうだ。前情報が何もない状態で、街をのんびり散歩してみることにした。20歳のビギナー旅行者だった頃は『地球の歩き方』や『ロンリープラネット』に付箋を貼って、バックパッカーから評判の高い、なるべく味に外れがなくて安いレストランやホテルを探したものだけど、今や一年の半分近くを旅先で過ごす、それなりに経験を積んだオトナの旅人である。美味しそうなローカルのお店はオーラでわかるし、多少高いホテルに泊まってもいい。トラベラーズチェックを靴の裏や下着に隠してスリ対策をしなくても、カードから現地通貨を引き出したり、電子支払いもできる。

テクノロジーの発達と経験によって、知らない街に行ってもだいたい日本の地方都市に行くのと変わらないテンションで臨めるようになった。それは気楽でもあるけど、未知の旅のドキドキ感を失くしたようでちょっと寂しくもある。あの旅のビギナー特有の高揚感をもう一度……とノスタルジーに浸る間もなく、15分後にはネパールの過剰さにすっかり呑み込まれてしまった。

アジアには混沌とした街並みが多いけれど、カトマンズの混沌はユニーク。単に異なるものがごちゃごちゃに散らばっている無秩序ではなく、一箇所に無数の秩序のレイヤーが重なりすぎて、その多重っぷりに脳みそがついていかない結果あらわれる混沌だ。

色とりどりの織物が地層のように積み上げられた生地の問屋、バイクの修理工場、穴蔵のような伝統的な定食屋、観光客向けのカフェ、寺院のお祈りに使う磁器や蠟燭の店、太鼓の工房、お面や曼荼羅のギャラリー、アウトドア用品店、薬屋、スマホショップ。そんな雑多な店が立ち並ぶ細い路地をしばらく歩くと、広場に出る。さほど大きくないその広場には唐突に寺院や祠《ほこら》があらわれ、色彩の暴走したデコトラのような装飾を施された人力車やバンが所在なげにラウンドアバウトをグルグルと回っている。クラクションと屋台の呼び込みの喧騒のさなかで、民族衣装を着た女性が一心不乱に広場中央の祠に向かって祈っている。

東アジアの街なら、一つひとつの文脈を切り離しても良さそうなものが、ここでは同じレイヤーに密集しすぎている。生活と観光と信仰と無為とが重なりすぎて何も認識できなくなる。

さらに混沌に拍車をかけるのが、建物の年齢不詳さだ。カトマンズは土埃のせいなのか建築様式のせいなのか、築１００年も築10年も区別がつかない。建ったそばから古びていく。しかも枯蔦のように建物にまとわりつく電線の束がさらに通り全体をひとつの有機物のように演出している。電線の蔦に埋もれるようにして覗く、神や鬼やおどけた動物たちをかたどった木彫の建具が建築の年代をさらに不詳にしている。ギラギラとピンクに光るネオンのスマホショップが1階に入る建物は、実は築１００年以上の伝統建築で、古めかしい煉瓦の壁面に巨大なガネーシャ（象頭の神様）のお面がドン！　と掛かっていたりする。向かいにある安普請のビルの一角が崩れてできた凹みに、即席の神像が祀られ、さらにその横には真っ赤に塗りたくられた彫像がある……と思ったら微動だにしない生身のおばあさんだったりする。

　ありとあらゆる場所にディテールがありすぎ

て、何一つ認識できない。過剰が極まると無と同意である、ということがこの街にいるとよくわかる。しばらく路地を歩いていると、過剰な無によって目眩がしてくる。この目眩がカトマンズの最大のアトラクションではないだろうか。

文脈と色彩の洪水を写真に収めようとしばらくカメラをパシャパシャとやっていたが、情報が多すぎてかえってのっぺりとした風景になってしまう。実際に身体を運んで歩いてみないとわからない、このカオス、この目眩。やっぱり旅って面白いぜ……と全ての旅人をハタチの原点に引き戻す魅力がカトマンズの街にはあるのだ。

釈迦族とパタンの街

「カトマンズに着いたらまずボビンの店に行くといいよ」

友人の紹介で向かったのは、カトマンズのなかでも海外からの観光客が集まるタミル地区の裏道にあるセレクトショップ「Melting Pot」。日が暮れた後、ちょうど閉店間際を指定されて辿り着いてみると、グレイトフル・デッドのレコードがかかる店内には、60年代な雰囲気のTシャツが飾られ、センスの良い器やファッション小物が並んでいる。往年のバックパッカー文化の香りがする店先から、

「君がヒラク君だね！　ようこそネパールへ！」

と流暢な日本語で、ニコニコ笑顔のお兄さんが手招きしている。ボブ・マーリーのTシャツに革ジャンを着た、上品なヒッピーといった雰囲気だ。彼の名前はボビン・マン・バジュラチャルヤ。音楽好きの人なら聞き覚えがあるかもしれない。90年代末に日本にやってきて、2000年代には日本でミュージシャンとして活躍していたアーティスト兼セレクトショップのオーナーだ。僕が東京の下北沢で発酵のお店をやっているというと、「なつかしいね！オレも昔下北に住んでたよ」と言うではないか。

「あのレコードショップはまだあるのか?」「あそこのバーのマスターはまだ元気か?」と、遠くヒマラヤの地でローカル世間話に花が咲くとは予想外すぎる。さてこのボビンさん、これまでの経歴だけでもユニークなのに、ネパールでの出自もめちゃ面白い。

「オレの名字のバジュラチャルヤ（Bajracharya）はね、サンスクリット語で密教で使う金剛《こんごう》杵《しょ》（Vajra）が由来なんだよね。うちの家系は、もともとブッダの末裔なの」

「えっ、ブッダの家系ということは、釈迦族ってこと?」

なんとビックリ。手塚治虫の漫画『ブッダ』を思い出してみると、釈迦族はブッダが入滅する手前の紀元前5世紀に、隣国のコーサラに滅ぼされたはず。しかしボビンさんの一族の伝承では、釈迦族は根絶やしになったのではなく、生き残りがヒマラヤ山麓を越えて、カトマンズ渓谷に移ってきたそうだ。そして現在はカトマンズの西南にあるパタンという街を中心に、仏教寺院を守っているという。

「カトマンズは面白いけどリラックスするには忙《せわ》しないからさ、オレの住んでるパタンっていう街に行こうよ！　面白い発酵食品もあるよ」

こうしてブッダの導きにより、僕はネパールに到着して早々にボビンさんのバイクの後席に揺られてネパール仏教の聖地に向かうことになった。

カトマンズ中心部から10km弱、パタンの旧市街にボビンさんの家と菩提寺がある。ここは紀元前3世紀にインドをはじめて統一したアショーカ王が開いた土地だとされている。アショーカ王は、黎明期のマイナー宗教だった仏教の守護者として有名だ。国を統一するために流されたおびただしい血の贖《あがな》いをするために平和を尊ぶ仏教に帰依し、ブッダの遺骨を収めた四基の仏塔（ストゥーパ）をカトマンズ渓谷に建立したのがパタンの街の始まりとされている。パタンは、まだ仏教がアジア各地に根付く前の、プリミティブな仏教の面影が残る街なのだ。

ボビンさんと一緒に早起きして、仏教寺院がひしめくパタンの旧市街を散歩する。カトマンズよりも格段に素朴で、カオスな猥雑さの代わりにゆったりした静寂が漂っている。煉瓦敷の通りを歩くと、密集した建物の1階部分には、トンネルのような小道へと続く小さな入り口があちこちに開いている。屈んでトンネルをくぐると、住人たちが憩う中庭に出る。仏像やガネーシャを祀った祠があり、その向こうに見えるトンネルをくぐると、子供たちが遊ぶ広場。その向こうのトンネルをくぐると、今度はヒンドゥー教の寺院……と延々とトンネルと広場と寺院が続く、中世の頃から変わらない迷路のような街並みだ。

パタンの街を歩いていると、一般的な日本人の目からはヒンドゥー教と仏教の寺院の違いがパッと見ではわからないことに気づく。寺院の様式もよく似ているし、共通の神像も多い。前述の象頭の神様ガネーシャは仏教では象頭財神として、日本でも密教や修験道の寺でよく見かける。象に乗った戦神インドラは帝釈天、豊穣の女神サラスヴァティーは弁財天。ヒンドゥー寺院の入り口を護るライオンは狛犬だ。ただでさえ侘び寂びのある日本の寺と違う、カラフルでにぎやかなネパールの寺。隣り合うヒンドゥー寺院に足を踏み入れても気づかないこともしばしば。

仏教寺院とヒンドゥー寺院の明確な違いは、ブッダの目が描かれた白いストゥーパと、その周りに配されたマニ車。仏教寺院にお参りしたら、ストゥーパにお参りして、そのあとにずらっと並んだマニ車をガラガラ回し、社《やしろ》のなかに祀られている仏像や観音像に蠟燭と花をお供えする。お堂の前で、鰐口《わにぐち》を鳴らしてお賽銭箱に小銭を入れる日本式のお参りとはだいぶ違う。ボビンさんは言う。

「もともとはね、ヒンドゥー教なんて名前の宗教はなかったんだよ。古代からあった自然崇拝が信仰になったものだったの。それを土台に仏教が生まれた。だからヒンドゥー教も仏教ももとは同じ土地から生まれたものなんだ」

仏教もヒンドゥー教も、もとは3500年以上前からインド亜大陸にあらわれた自然信仰ヴェーダから生まれている。西方からやってきたヨーロッパ系のアーリア人がインド亜大陸の南に進出し、征服した先住民族ドラヴィダ人の文化を取り入れて生まれたのが原型だ。創造神ブラフマーが絶対神として祀られ、遊牧系のアーリア人の信仰と、農耕系の先住民の世界観が混じり合っていた。この2つの要素は現代にも引き継がれている。動物の供犠を行う苛烈な遊牧系文化と、森で瞑想修行する農耕系の文化のダイナミズム。食の観点でいうと、「乳や肉を食べるインド」と「豆や野菜を食べるインド」の2つのモデルがあらわれている。

やがて自然信仰は、社会の統治システムに変わっていく。2500年ほど前になると、征服民族アーリア人が、自らを絶対神ブラフマーを祀る司祭として位置づける。この司祭の階級を、バラモンと言う。彼らを最高位として、上下の階級を設定して共同体のメンバーを振り分けていく。これが悪名高いインドのカースト制度の始まりであり、今日のヒンドゥーの母体になる「バラモン教」である。

生まれの貴賤で人間を区分するバラモン教に対抗するために勃興したのが、ブッダの説いた仏教だ。生まれつきのカーストに縛られない自由を説いた仏教は、以降1000年ほどヒンドゥーの対抗馬としてインド社会の理知的な精神性をかたちづくっていくことになる。

そういう意味ではともに「同じ土地から生まれたもの」である。しかし、仏教はヴェーダの延長線上にあるものというよりは、ヴェーダから生まれたバラモン教を「乗り越える」ためにあらわれたものだ。

ボビンさんの音楽は、ボブ・マーリーやグレイトフル・デッドの影響を受けた土っぽいロック。海外の音楽から受けた影響と、自身のパタンのルーツ。その根本にあるのは「自由」と「調和」だ。ボビンさんにとって、仏教もロックもルーツまで辿ると同じ場所に行き当たる。

「10代の時から海外のロック聴いて、自分の人生は音楽やることだけ！　と思ってた。パタンにいるとどこに行っても親戚や知り合いばっかり。それがイヤで日本に行ってミュージシャンになったんだよねえ」

自由を求めて故郷を出て、日本でアーティストとしての青春時代を送った。そして今は故郷に帰ってきて家族と一緒に暮らしている。彼とパタンやカトマンズの街を歩いていると「ボビン、元気か?」と老若男女が話しかけてくる。お店では店員や常連の若い人たちの世話を焼く、頼れるお兄さん役だ。ボビンさんは今でも頻繁にライブツアーで来日し、アーティストとしての夢と自分のルーツのバランスが取れたカッコいいオトナとしての人生を歩んでいる。

ここでネパールの信仰と釈迦族について補足しておきたい。ネパールの信仰の多数派はヒンドゥー教である。しかしパタンはじめカトマンズ渓谷エリアでは仏教も根強い。その中心を担うのが釈迦族なのだ。出家した僧侶として寺院の運営をするだけでなく、世俗のメンバーも日本でいう檀家制度のように地区単位で寺のコミュニティを守っている。ボビンさんのバジュラチャルヤ姓は、金剛杵の名のごとく密教寺院の運営を担う。なおこの姓は、家系だけでなくカーストも指している。

日本人にはちょっと理解しにくいポイントを話そう。インドと同じく基本的にヒンドゥー国家であるネパールでは、仏教徒もヒンドゥーカーストのなかにある。釈迦族は、仏教寺院を運営するという職能（ジャーティ）なのである。カースト制度は大きく階級（ヴァルナ）と、職能（ジャーティ）に分かれる。日本人が一般的にイメージするのは前者である。司祭階級のバラモンを最上位とし、王族・戦士階級のクシャトリヤ、商人階級のヴァイシャ、そして上位3つの階級を支える隷属民シュードラの4階級。後者の職能は、基本的には各階級をさらに細分化するもので、職業の世襲制度である。ヴァジュラチャルヤは祭祀と寺院運営を世襲の生業とする、ネパール社会では比較的高位のカーストだ。

ブッダはカーストを打破するために仏教を打ち立てたが、その仏教もインド世界では、中世の終わりには多数派のヒンドゥー教のなかに取り込まれてしまった。ブッダも八百万《やおよろず》の神の一人ということになっているのだ。

なんか矛盾してない？　と思うが、実は古代バラモン教が現代的な「ヒンドゥー教」に至る大きな理由がここにある。仏教の登場以降、ジャイナ教やイスラム教など様々な新興勢力が登場し、インド亜大陸のアイデンティティが揺らいでいく。その時にバラモン教が選択したのが「他の宗教を無節操に取り込んでいく」という方法論だったのである。儀礼中心主義だったバラモン教は仏教の高度に合理的な理論を取り込むことで裾野を広げようとしたのだ。

一方、マイノリティとして生まれた仏教がインド世界のなかで生き抜いていくためには、形式的にヒンドゥー教の一部として位置づけられることが必要だったのかもしれない。そうでなければ、イスラム教のようにヒンドゥーと対立して殺し合わなければいけない。それは平和主義の仏教の望むところではなかったのだろう。こうして中世以降仏教のメイン舞台は東南アジア諸国に移っていった。

しかしインド世界の北の辺境、カトマンズ渓谷ではヒンドゥーに融合する前の仏教の原型が残っているのである。ボビンさんの語る仏教は、チベット密教とも日本の大乗仏教ともまた違う、ローカルな共同体に根付いた実践宗教としての面影が残っている。彼らの信仰は紀元前3世紀のアショーカ王時代から続くネワール仏教と呼ばれ、他の土地にはないカトマンズ渓谷独自のものだ。

ネパールのスパイス定食、ダルバート

それでは本題の食の話に移ろう。日本ではインド料理といっしょくたにされがちなネパール料理。現地に来てみると典型的なインド料理とは明確に違う性質を持っている。その代表格が「ダルバート」という定食セットだ。このダルバート、一体どのようなものなのだろうか？

大きな金属製の丸皿にご飯とおかずが盛り付けられたワンプレート定食だ。典型的な盛り付けとしては、中央に炊いた米を丸めて盛り、その周りに、汁物として豆のスープ、主菜としてスパイスを加えて煮炊きしたカレーのようなおかず1～2種、副菜にアチャールという、酸味のある漬物、生野菜、ロティという、ポテトチップスのような大きさの麦の焼き物を添えて1セットとする。ダルは「豆」でバートは「米」。米に豆の汁の付け合わせを基本にした、日本でいうところの一汁三菜定食のようなものだ。丸皿に色とりどりの小さなおかずが並ぶ様子が可愛らしく、日本でも少なからぬダルバートファンがいる（SNSで写真をアップしたらあちこちから「私もダルバート好きです！」とコメントがきた）。

パタンの街角の定食屋さんでダルバートを食べてみよう。

「何にする？」

「ダルバートください」

「それはわかっている。何のダルバートがいい？」

何も指定しないと野菜のおかずで構成されたベジ定食。それでは物足りない人は「肉のおかず」「魚のおかず」と指定すると、チキンカレーやフィッシュカレーが付いてくる。カレー以外のおかずは基本食べ放題。自分の皿が空に近づいてくると、「おかわりはいるか？」と追加のお米やおかずの給仕係が各テーブルを回ってくる。

食べかたはインド式で、全て右手だけで食べる。お米を掌ですくって、おかずと混ぜ、指の先のほうに向かって押し出していく。そうするとおかずとお米が一体になって、混ぜご飯状になり、こぼさずに口に運ぶことができる。ネパ

ール料理が和食よりも格段に油っぽいのは、お米とおかずがくっつきやすくなって、右手一本で食べるスタイルに適応した結果だと言える。

「右手だけで食べるの難しいか？　スプーンで食べてもいいぞ」

と給仕係のお兄ちゃんが僕の苦戦ぶりをニヤニヤ見ている。海外からの観光客はスプーンで食べても失礼ではないのだが、地元のみんなが自在にお米とおかずを混ぜて自分好みに味をアレンジしているのが実に美味しそう。

「大丈夫です。もうちょっと練習させて」と強がっているうちに、だんだんコツが摑めてくる。しかし問題は飲み物を飲みたい時である。右手で持つとコップがベタベタになってしまう。いったいみんなどうしているのかしら……と隣の席をチラ見してみたら、普通に左手で飲んでいた（本当は右手がいいらしいのだが）。

インド世界では食事は右手一本で食べる。これは海外文化に興味がある人はだいたい知っている事実なのだが、左手はどうか。全く使われることなく、ただテーブルの下に隠しているだけなのかというと、そうではない。左手にもいくつかの役割がある。

一つは身体を支えることだ。スプーンや箸を使わずに食事すると、自然と前傾姿勢かつ右半身が前にせり出す格好になる。この時に左手で肘をついておくとラクなのだ。日本的には肘をついて食事するのは行儀が悪いのだが、インド文化圏では逆になる。

もう一つは、大皿から料理を取り分ける時だ。これも当初は「あれ？　左手って不浄なんじゃないの?」と理解できなかった。しかし、右手で複数人の共有物を取ると、残りのものが「取った人の食べ残し」という扱いになってしまう。つまり右手には「触れたものを自分に属させる」という機能があるわけだ。だから大皿からは食べ物を左手で取る。ロティなら指で、おかずならおたまを持って。この時左手は「不浄」ではなく「ニュートラル」な手なのだね。なので、みんなで食事をすると右手も左手もけっこう忙しい。慣れない僕にはスポーツのようなのだが、みんな左右の手を複雑に操作しながら弾丸のように喋りまくる。

ネパールには厳しい飲酒の制限があるわけではないのだが、基本的に食事中は酒をあまり飲まない。ビールがあるにはあるが、食事に比べて値段がかなり割高。ビール小瓶一本が、ダルバートよりも高かったりする。なので飲酒は、海外からの観光客の楽しみか、ハレの日用のおもてなしだ。そもそも食事で両手を駆使し、かつ喋りまくるので酒を飲むタイミングがない。食事とコミュニケーションの作法が違いすぎて、酒のグラスをゆっくり傾けるという文化が入り込む余地がないのだ(ただし少数民族の文化には独特の地酒がある。詳しくは後述)。

菜食とグンドゥルック

「うちのご飯は、普通のネパール料理よりも味が薄いかもしれないわね」

はにかみ屋のお母さんが手早く朝食の支度をする。シュンシュンとお湯の沸騰する音に、大豆を炒る香ばしい香り。朝日が差し込む中で料理をするお母さんは神々しい雰囲気だ。

パタンに滞在しているあいだ、僕はボビンさんの家に泊めてもらっていた。そこで何より嬉しかったのが、伝統的な釈迦族の暮らしを実践しているお母さんのつくる朝ご飯。ボビン母のダルバート、ネパールの食文化の素朴な良さが120%詰まって最高なのである。

仏教の守護者である釈迦カーストは、厳格な菜食を貫く人が多い。ボビン母は一般の菜食主義者よりも厳しく、卵はもちろん乳製品も使わない。しかも油もスパイスも塩味もレストランで食べるものより格段に少なく、全体的にアッサリさっぱりとしていて彼女の料理全体から「煩悩退散！」のオーラが放たれている。

ネパールの食は、菜食が基本だ。観光客向けのダルバートではチキンや水牛の肉のカレーが出てくるが、地元向けの食堂、あるいは家庭では豆やカリフラワーやじゃがいもがメインのベジカレーが多い。僕らが認識するところのカレーは、ネパールでは「タルカリ」という。というかスパイスで味付けしたおかず全般をタルカリという。

「インド文化圏において、カレーという料理はない。なぜなら全てがカレーだからだ」

僕をインド世界に導いたカレーのグル水野さんの金言を強く実感する。水分の多いタルカリはスープ料理、水分の少ないタルカリは炒め料理。水分量と食感が違うだけでどちらもカレー＝料理である。

レストランで出てくる、動物性の食材をたっぷり使ったダルバートはタカリ族という商売上手な民族が開発したデラックス定食。ボビン母がつくるような家庭のすっぴんダルバートはもっと品数が少なく、野菜中心に組み立てられた質素なワンプレートだ。野菜タルカリで構成するベジダルバートにおいて重要な役割を果たすのが、アチャールという漬物（的なもの）である。玉ねぎやキュウリ、大根などを酢や柑橘の果汁に漬け込むピクルス。油とスパイスたっぷりのタルカリの味を酸で中和するアクセントの役割を果たす。日本の古典的なカレーの付け合わせで出てくるラッキョウの甘酢漬けや福神漬のルーツが、アチャールなのだ。

「仏教徒は基本的に菜食主義だから料理に肉も魚も使わない。私は質素な味が好きだから、乳も油もほとんど使わないのよ」

そんな、ないないづくしの釈迦カレーにおいて、味のリッチさを演出するのが、乳酸発酵を使ったアチャールである。グンドゥルックといって、ネパールの山間地でつくられているレアな漬物だ。

グンドゥルックは、青菜（アブラナ科のものがスタンダード）を漬けたのちに乾燥させたもの。定食に添える時は、水に戻して柑橘の果汁や生姜、クミンなどと和えて付け合わせにする。市場でも売っているが、伝統的には家庭で手作りされてきたものだ。僕がボビンさんの家で食べたのももちろんお母さんの手作りだ。

さてこのグンドゥルック、ひとくち食べてビックリ。日本のすんき漬とそっくりなのである。すんき漬は拙著『発酵文化人類学』で紹介した世にも珍しい「塩を使わない漬物」である。長野県御嶽山周辺の、海から遠くて塩が手に入らない集落で手作りされているものだ。御嶽山周辺は冷涼で乾燥した気候なので雑菌が少なく、カブの葉を湯通しして樽に漬け込んでおくと葉に付着した野生の乳酸菌が活性化して酸っぱくなる。しかも塩を使わないので通常の漬物にはいない特殊な植物性乳酸菌が働き、貝類にあるようなうま味が生成される。塩味がなくてうま酸っぱい摩訶不思議な漬物なのだね。

カトマンズ渓谷も御嶽山と同じく冷涼な山間地。青菜を洗ってビンに詰め、日当たりのいいところに置いておくと、乳酸菌が活性化して塩を使わずとも漬物になってしまう。これをアチャールにして薄味のベジタルカリとあわせると、とたんにリッチな味わいになってしまう。場合によってはグンドゥルック自体をカレーの具材として入れてしまう。すると油や塩味、スパイスが薄めでも食べごたえのあるおかずになってしまうのだ。

ボビン家の朝食に出たダルバート。炊きたてのご飯に、うっすらスパイスを効かせたサラサラの豆のスープ、ほうれん草の炒めもの、炒った豆少量、そしてグンドゥルックのアチャール。まるで日本の精進料理のようではないか。

菜食の淡味を発酵で補う。これぞ釈迦カレーの極意!

リンブー族のどぶろく文化

瀟洒なパタン旧市街を離れ、未舗装のガタガタ道をボビンさんの愛車、スズキのジムニーで20分ほど走ると、丘の上の可愛らしい一軒家に着く。広い裏庭はよく手入れされた畑になっていて、ニワトリがコッコーと鳴いて僕たちを出迎えた。

「あなたが日本から来た発酵食の専門家？　そこの畑を見てみてください。その青菜はグンドゥルックの仕込み用。そこの果樹はアチャールに漬ける用に育てていますよ」

ボビンさんのおばさんの紹介で、パタン近郊に住む料理上手のヨンハンさん夫婦を訪ねることになった。ミャンマー国境で出会ったような小柄でやや色黒なご夫婦のルーツはリンブー族。一般的なネパール料理とは違うレシピをたくさん知っているという。日本から発酵の専門家が来る、ということを聞いて、リンブーの伝統的な発酵食品の仕込みを実演してくれるそうだ。

ボビンさんのおばさんによると、リンブー族はネパール東部からインド東部シッキム州に連なる国境付近に多く住む民族。ネパール、インド、チベット、ブータンの国境が重なるこの地帯は、茶馬古道のヒマラヤ縦断路とミャンマー横断路の合流地点である。きっと雲南で見たものと連なる発酵文化に出会えるのではないか。

キッチンに行くと、お母さんが大きな鍋で何やら赤いツブツブを煮ている。はて何だろう？　とよく見てみるとキビである。このキビを発酵させて「トゥンバ」という地酒をつくるのだそうだ。鍋いっぱいに膨らむまでキビを煮たあとに、テーブルいっぱいに広げたシートにキビを薄く広げ、しばらく冷ます。そして戸棚から何か怪しいフレークを取り出すお母さん。コレ何ですか？　と聞くと、

「これはね、モルツァといってね。発酵のスターターに使います。インドとの国境近くの山の中に、代々モルツァをつくっている集落があるの。そこから取り寄せてるのよ」

と言うではないか。硬くて丸い団子を砕いた白いフレーク、中には薬草らしきものが入っている。これは雲南省リス族の集落でみた漢方麹ではないか！　なんとネパールにも麹文化が存在しているのだ。

詳細を聞いてみると、原料は挽いた米だという。米粉に薬草を混ぜて丸く練ってカビを付ける。それをフレークにしてキビに振りかけると、キビのでんぷんが糖に変わって酵母によるアルコール発酵が起こり、キビ酒ができるというのだ。

やった！　ついに見つけた！　これぞ僕の探し求めていた大陸の「糀」である。雲南で見たように中国や韓国の麹は基本的に麦や雑穀だったが、リンブーの麹の原料は米。つまり日本の糀と同じである。やはり僕の予想は間違ってなかった。ミャンマー国境の向こう側に、

日本の糀の源流（とおぼしきもの）が存在していたのだ。カビの生えた米のフレークを手のひらの上に乗せ、しげしげと眺める。ヒマラヤの麓に生き延びていた「糀」ファミリーに出会えた喜びに打ち震える。

ここで麹の系譜を改めて紹介しよう。

日本において、麹には大きく分けて三つのルーツがある。一つは大陸アジアのスタンダードになっている「麹《きく》」。漢字のごとく麦を練ってつくる。

もう一つは調味料に特化した「豉《ち》」。主に大豆にカビを付ける。ミャンマー国境で見た豆豉の原料だ。日本の豆味噌や醬油もこの系譜である。

最後に「糵《よねのもやし》」。米にカビがモヤモヤと生えたもので、古代日本では特別な祭祀のための酒をつくるものとされてきた（古代中国では単に麦芽を指すという解釈もある）。しかし具体的なことがわからない。なぜなら大陸アジアでは酒をつくるのには麦の「麹」を使っていて、米を使った「糵」は行方不明だからだ。

この糵が日本の米でつくる「糀」の祖先とされている。これまでの説では雲南省あたりが発祥なのではないかということだったが、実際旅してみても「麹」か「豉」の系譜しか見つからなかった。ところが意外なことに、発酵街道の合流点ネパールで、モルツァという古代の糵の末裔と出会うことができた。米の麹は、釈迦族のごとく、発祥の地からネパールの山の中にこっそり渡って生き延びていたのかもしれない。

ではトゥンバの製法に戻ろう。煮たキビの温度が下がってきたところで、モルツァを粉状に砕いて振りかける。そして壺のなかに詰めて発酵させる。このあたりはチベット族の白酒と同じ要領だ。しかし白酒とは飲み方が大きく違う。発酵してアルコールが発生したキビを、蒸留するのではなくそのまま飲むのだ。細長い筒状の容器に固形の発酵キビを詰め、そこにお湯を注いでしばらく待つ。するとスッキリと甘くてかぐわしい、マイルドな紹興酒のようなアルコールがキビからお湯に抽出される。これをストローでチュウチュウ吸うのである。味は紛れもなく麹由来のうま甘東アジアフレーバーだ。

お母さんから自家製トゥンバを勧められてチビチビ飲んでいたら、

「違う違う！　もっと豪快にゴクゴク吸うのよ。一回で最低1リットルは飲まないと！」

と呆れられてしまった。確かにお湯で薄まったこのキビ酒、度数はおそらくビール以下。甘酸っぱくて優しい味なので、気がついたら1リットルくらい飲んでしまうかもしれない……。

モルツァをスターターとした地酒。キビでなく米と混ぜてどぶろくをつくるレシピもある。このどぶろくを「チャーン」という。同行のおばさんも「私の知り合いも自家醸造している」と言うように、リンブー族以外でもわりとよくつくられる山間部の少数民族共通の酒のようだ。

作りかたはキビのトゥンバと同じ。炊いた米をシートに薄く広げて麹を振りかけ、保温した状態で容器に詰める。すると麹の酵素によって米がドロドロに溶ける。その上澄みを濾《こ》して飲む。日本のどぶろくとそっくり（というか一緒）だ。

日本の田舎で飲むこってりとしたどぶろくとは違い、軽やかで酸味が効き、発酵中のフレッシュなものを飲むため炭酸のシュワシュワ感もある。ちょっと信じられないかもしれないが、リンゴを醸したシードルのような味わい。あまりポピュラーな酒ではないが、スペインのバスク地方で飲まれているチャコリという山ぶどうの微発泡ワインを彷彿とさせる酸のキレのある美酒なのだ。しかもビールの値段の10分の1である。メニューに載ってなくてもお店の人に頼むと地元民向けの隠しメニューとして常備してあったりするので、ネパールに行ったらビールでなくてトゥンバやチャーンを飲むべし！

「仕込みが終わったら、最後にお祈りをします。これはリンブーの文化」

酒づくりの最後の仕上げはなかなか荘厳だ。シートにくるんだ穀物の上で、お母さんが唐辛子を燃やしてお祈りを捧げる。唐辛子の灰が雑菌の混入を防いでくれるとも、日本における塩のように邪気を祓ってくれるとも言われている。微生物に捧げる祈りの文化は、日本だけではないのだ。

カレーと発酵のあいだ

酒の仕込みの後、お母さんが自家製の納豆、キネマを見せてくれた。煮大豆を温めてネバネバに発酵させた、日本と全く同じ香りと味の納豆だ。ただ違いはグンドゥルックと同じく一度カラカラに乾燥させてしまうことだ。水分を抜くことにより保存性を高めることができるのだね。

以上、リンブー式の発酵食を並べてみると、糀、どぶろく、乳酸発酵漬物、納豆……。これは、日本の発酵食のロイヤルストレートフラッシュでは？

もしやこのロイヤルストレートフラッシュが全部詰まったダルバートが、つまり水野さんの言った「カレーと発酵の合流地点」なのではないかと思い立ち、リンブーの伝統料理が食べられるレストランに飛んで行った。

訪ねたのはパタン近郊のロードサイド、どう考えても場末のビリヤード場にしか見えないレストラン。しかし料理係を務めるリンブーのお母さんが天才的な料理上手で、僕の要求を全部盛りにした「特製発酵ダルバート」をこさえてくれた。

それでは魅惑のラインナップを紹介しよう。まず真ん中には炊きたての米。インディカ米とジャポニカ米の中間のような、適度にパサパサしつつしっとりしている中粒のネパール米。その横にはキネマを具材にした納豆カレー。アチャールはもちろんグンドゥルック。さらにリンブー名物、ネパール東部に生えるヤンベンというヒジキみたいな食感の地衣類をたっぷり使ったコケカレー。

「あんた微生物の専門家でしょ？　ならコケ（菌と藻の複合体）食べな」

と粋な計らいである。そしてドリンクは、一杯目は爽やかな米のチャーン、二杯目はまろやかなキビのトゥンバをエンドレスに飲む。

納豆カレーをご飯にかけて食べる。スパイス漬物をかじりながらどぶろくを飲む。西と東の発酵文化のボーダーはハイブリッドな愉悦に満ちている。

釈迦族のホームパーティで歌う菩薩

パタン滞在の最終日、釈迦族のホームパーティに招待してもらった。コロナ禍明けで3年ぶりの催しに、世界各国に散らばったバジュラチャルヤファミリーが一堂に会する。その数、なんと80名超！　寺院の運営を続ける者、ボビンさんのように地元で事業をやる者、海外に出て貿易や国際ビジネスを手掛ける者、研究や社会事業にいそしむ者、みんなそれぞれのフィールドで活躍している。カトマンズ渓谷の仏教コミュニティは、昔から商売の才覚に長け文化水準の高い暮らしを営んできた。釈迦族にとって、在家で成功することもまた尊い行為。瞑想に耽ることだけが行ではないのだ。

「観音様ってもともと何なのか知ってる？」

パタンの街を散歩していた時にボビンさんが僕に問いかけたことを思い出す。カトマンズやパタンの寺では、ブッダは仏塔の中に実際に存在しているのでブッダの像（つまり仏像）が強調されない。かわりにみんなが拝んでいる像は観音様だ。

「観音様って大事なんだ。本当はブッダみたいに悟りを開いているから彼岸に行けるけど、あえて世俗の世界に留まってみんなが幸せに暮らせるように助ける存在。悟りを開いても涅槃に行かないで、コミュニティを助ける。これも仏

教徒の大事な仕事」

とボビンさん。僧侶として生きるか世俗で生きるか、そこには根本的には違いはない。コミュニティの幸せを願って生きるなら、ひとしく釈迦ファミリーの一員なのである。


夕方明るいうちに始まった、肉も魚も酒も出ない健全なパーティ。

夜も更けて宴もたけなわ、中庭の焚き火を囲んで、ブッダの末裔たちによるカラオケ大会が始まる。若者たちがブルー・ノマーズやマルーン5などの流行りの洋楽をひとしきり歌った後に、出ました大トリ！　という雰囲気でボビンさんが登場。僕がＣＤで聴いた力強い英語の曲とは違って、釈迦族が話すネワール語で歌う。すこし切なく、浮遊感のある優しい旋律にみんなが聴き惚れる。

一族のしがらみから離れたくて海の外に出たボビンさんは、異国でアーティストになる夢を叶え、生き抜くたくましさを身につけた。日本で改めて見出した自分のルーツ、仏教の教えを人生の血肉にして、彼はパタンに帰ってきた。

そして今、観音菩薩のごとくコミュニティを助けることに自分の役割を見出した。歌う菩薩は、パタンの頼れる兄貴分なのだ。

第7章：インドの菩提酛お粥

朝6時。通りから車のクラクションが鳴り響く音で目を覚ます。紫がかったピンク色で塗られた天井から吊るされた、飛行機のプロペラのような扇風機の生ぬるい風が汗ばんだ肌を力なく撫でている。ごわごわのシーツのツインベッド。カーテンの隙間から差し込む朝日のなかで埃が踊っているのを眺めていると、コンコンとドアをノックする音。

「お茶いるか？」

ドアを開けると、小柄なお兄ちゃんがポットからコップにミルクティーを注いで手渡し、二言三言朝の挨拶を交わして去っていく。ベッドの縁に腰掛けてお茶を飲んでいると、またもや誰かがドアをノックする。さっきのボーイが忘れ物でもしたのかと思ってドアノブに手をかけると、

「お前日本から来たのか、コルカタは好きか？」

また別のお兄ちゃんが立っているではないか。今度はサービスではなく、ただ単に世間話をしにきたらしい。おそらくお茶係から「ヒマそうな日本人が来てるよ」という話を聞いて

暇つぶしにやってきたのだろう。まだ昨晩着いたばかりだから、この街が好きかどうかはわからないよ……と適当に返事しながら、せっかくなので立ち寄ったら面白そうな場所をいくつか聞いたり、ベンガル語（インド東部〜バングラデシュの標準語）の簡単なフレーズを勉強がてらやり取りしているうちに、「では良い一日を」と言ってお兄ちゃんは去っていった。歯でも磨くかと洗面台で身支度していると、今度はノックなしにドアをガチャリと開ける音が。

「お前はキリストを信じるか？」

小太りのおじさんがニコニコしながら僕を手招きしている。やれやれ、世間話の次は勧誘か……まだ7時前なんだけど。ベッドの横のサイドテーブルの前に二人で座り、小さなカップに注がれたミルクティーを飲みながら、キリストの愛とコルカタの歴史についての話を聞く。その熱弁ぶりから、入信するまで帰らないぞと強気な姿勢かと思いきや、10分ほど一方的にまくし立てた後、「じゃあ」と言って去っていった。なんだ、このおじさんも誰かと話したかっただけなのか。

もう謎の闖入者《ちんにゅうしゃ》が来ないように部屋の内鍵をかけようと思ったら、留め金が壊れて外れているではないか。このままこの部屋にいたら、エンドレスで世間話し続けなければいけないってこと？　うんざりして「えい！」と声をかけて立ち上がり、ベッド横の窓を開けると、手すりで休んでいた鳩たちが驚いて通りへ飛び立った。飛び散る白い羽根が、薄いオレンジ色にほの温かく光る太陽に吸い込まれていく。眩しさに目線を下に逸らすと、早朝のチョーロンギー通りではもう喧騒が飛び跳ねている。

通りの左右には露店がズラッと並んで色とりどりの服を吊り下げている。店と店のあいだの小さな隙間に、タバコやスマホのSIMカードを売るスタンドがひしめいている。交差点の四つ辻には、ロティ（薄いパン）に野菜や肉を巻いて食べさせる屋台や、果物をその場で搾って売るジュース屋が軒を連ね、通行人が次々とボロボロのベンチで朝食にありついている。3階のこの部屋まで、パパイヤの青い香りや麦の焦げる香ばしさ、道行く人々のくちゃくちゃ、モグモグ咀嚼音が届いてくるようだ。

少なくとも左右6車線くらいありそうな（白線が消えかかっていて正確な本数は不明）車道に陣取るのは、コガネムシのようなカタチの黄色いタクシー。1950年代、ミッドセンチュリーのイギリス・モーリス社のレトロカーが群になって「パプ！パプ！パプ！」と気の抜けたクラクションを鳴らしている。渋滞のなかを、物売りたちが縦横無尽に車道を動き回って車の窓ごしに花やお菓子を売りつけている。車線と露店の隙間を縫って、オートバイを改造したような三輪タクシー、オートリキシャがノロノロと走り、人力車が物売りとぶつかって怒鳴り合いのケンカをしている。

レンズをぐっとミクロに寄って見てみるとインドの典型的な喧騒だが、マクロに引いて見てみると、大英帝国風なもったいぶった装飾の白亜の建築群が、強烈すぎる日差しにぜいぜいとあえいで崩れかかっている。

窓を開けたとたん、街中から熟れて腐りかかった果実の香り、暑さにただれて甘く溶けた人いきれが漂ってくる。

僕はインド東部最大の都市、コルカタの中心地にいるのだ。

おせっかい青年とコルカタ散歩

カトマンズも人口密度高めだったが、コルカタの人口は１５００万人弱。世界の中でも指折りの人口過密都市だ。大きな通りを歩いても、裏通りを歩いても、お祭りのような人出でクラクラする。

もとは寒村だったものが、18世紀以降に大英帝国領インドの首府が置かれ急速に発展した場所だ。ヨーロッパからやってきた科学や産業、キリスト教の信仰を受け入れた文化先進地であると同時に「インドの貧困が集まった街」とも言われる。その一因は、第二次大戦後の１９４７年印パ分離のときに、隣国バングラデシュ（当時は東パキスタン）から数百万単位の難民が流れこんできたことだ。街中に家を持たない貧民が溢れ、僕があちこち旅をしていた時代は、世界中のバックパッカーに「社会の凄惨さを見たければコルカタへ行け」と噂されていた。伝統的なヒンドゥーと西洋文化、イスラムが混じり合うインド屈指のカオスな街が形成されてしまったのだ。

夕方に空港に着いて、バックパッカーのたまり場、サダルストリートの安宿にチェックインしたのだが、ただでさえやかましい通りにあるというのに、さらに宿が工事中でドリルや金槌の音がうるさすぎてギブアップ。夜半にほど近くにある、キリスト教会の運営するYMCAに移ることにしたのだ。コルカタの安宿街はバックパッカーにすら耐えられない。ここなら少しは静かだし、部屋も広くてくつろげるし、これで少しは落ち着いて過ごせるわい……と安心したのもつかの間、朝イチから謎のヒマ人たちが次々と僕の部屋を訪ねてくる。

たまらずホテルを出て通りを散歩すると、あちこちから声をかけられる。客引きかと警戒す

るものの「コンニチワ日本人？　安くするよ」といった露骨な客引きはそこまで多くはなく、

「お前はどこから来たんだ？」

「日本人か？　オレの息子が『ワンピース』好きだぞ」

「署名してくれ」

「僕はジャダプール大学で経済学を勉強しています。あなたの専攻は？」

など、みんな自由気ままに声をかけてくる。最初の2つはまあわかるが、後の2つはなぜ僕に……と首を傾げてしまう。

コルカタは、とにかくみんなおしゃべり好きなのだ。露店のはじっこでお茶を飲んでいると、隣の人から声をかけられる。それは僕が外国人だから、という訳でもなさそうだ。なぜなら向かいのベンチに座ったおじさんも知らない人から声をかけられて世間話をしているからだ。信号待ちで突っ立っているだけで、

「観光で来たんですか？　カレー食べるなら向こうに見えるビルの2階にあるお店が美味しいですよ」

と隣のカップルからおせっかいが飛んでくる。

インドの旅は孤独とは無縁だ。ここでは他人に話しかけるための理由がいらない。隣の誰かと目が合ったらすぐに話が始まる。よそ者と見るや話しかけ、地元民と見るや話しかけ、

こいつ話したくなさそうだなと見るや「なんでお前は話したくないんだ」と話しかける勢いである。正直話題はなんでもいい。卓球のラリーのようにピンポンパンと言葉を交わしたら「じゃあ」と言って立ち去る。

食事しようが買い物しようがタクシー乗ろうが宿に泊まろうがどんどん卓球選手が登場するので、自分と向かい合う時間は1秒もない。

なるほど。

「若いうちに一度はインドを旅しろ」と言われる理由の一端はこれか。20歳の多感な青年といえば、自意識を持て余し、他人との距離をうまく摑めず、自分の胸の内を聞いてくれる誰かを切望してさまよっている。それがインドではどうだ。誰も「距離の適切さ」なぞ考慮せずガンガン懐に入ってくる。しかも話のきっかけも内容も意味不明だったりするのだが、意味の適切さも大して気にしていなさそうである。悶える青年の自意識のジメジメは、ここでは一瞬にしてカラカラに乾いてしまう。やたらと意味を勘ぐってしまう自意識の罠から自由になると、確かに人生は軽くなる。すれ違いざまに「署名してくれ」と言われたら、何の内容かよくわからないがとりあえず署名しておく。そんな人生の軽さを学ぶ道場に、インドはふさわしい。

そんなインドのなかでも、コルカタの人間臭くてナンセンスなこの感じ。

雑多、おしゃべり、やたら路上で飲み食いする、初対面でもゼロ距離で懐に入ってくるコミュニケーション……。おや、これって大阪じゃないかしら。

インドの大阪、それがコルカタ。賑やかすぎて消耗する！

「おーい、そこのお兄さん」

ホテルに退散して昼寝しようとしたら、しゃがれ声の日本語が飛んでくる。僕のこと？

「そう！　そこのお兄さん。なんかアヤしいインド人が日本語で声かけてきたな、客引きかなって思ってるでしょ。オレそういうのすぐわかっちゃうの」

流暢な日本語をまくし立てる声の主を見ると、赤いTシャツに派手なストールを巻いた色黒で小柄なお兄ちゃんがニヤッと笑っている。僕と目が合うと、人込みをスルリと抜けて僕の脇をついてくる。

「客引きだと思うよね、正解！　オレ親戚の織物屋の手伝いしててさ。外国人のお客さん連れてこいって言われてるわけ。でもさ、飽きちゃってるのよ、この仕事。客引きに捕まったっていうことにしてさ、散歩しようよ。オレ仕事サボりたいのよ」

初めて見るタイプの客引きだ。家族にちょっとしたお土産買ってもいいし、コルカタの街のことが全然わからないので、ちょっとこのお兄ちゃんについていってもいいか。何よりこのゼロ距離すぎるコミュニケーション力、なかなか面白いヤツではないか！　僕もニッと笑い返す。

「わかったわかった。じゃあさ、向こうの通りにあるモイダン公園行きたいから付き合ってよ」

彼はサイードと名乗った。コルカタのある西ベンガル州の北、ネパールとの国境にあるビハール州の農村出身だそうだ。一族みんな織物に関わる家系で、自分の店を開くのを目指してコルカタの親戚を頼ってきたという。名前の通り、イスラム教徒だ。バングラデシュに隣り合った東インドでは、イスラム教徒が多い。ちなみにコルカタは、僕の泊まっていたYMCAがあるようにキリスト教の布教拠点であり、第二次大戦前後まではインド仏教の数少ない拠点でもあった。さすがアジア発酵街道の終着点。宗教もぬか床のごとく複雑に醸されまくっている。

飄々としたサイード君。流暢な日本語は独学で覚えたらしい。そもそもほとんど学校で勉強したことがないらしいのだが、頭の回転の速い、聡明な青年だ。

「なんで日本に行ったことないのにこんな日本語上手いのかって不思議に思ってる？　オレさ、記憶力がいいのもあるかもしんないけどさあ、自分の知らない言葉でも、しゃべる人の気持ちがわかっちゃう才能あるんだよねえ。文法よくわからないんだけどさ、お兄さんにとってのね、『日本人っぽい感じ』がわかるの。だからすぐ心が近づけるの。面白いでしょ？」

ちなみに彼のこの台詞、脚色なしである。こんな調子の日本語でよどみなく話し続けるサイード君。大都市に突如あらわれるバカでかい原っぱのようなモイダン公園で、犬や馬と一緒に木陰で寝転びながら、僕の旅の目的とこれまであったことを話した。

「コルカタ周辺でさ、ヨーグルトやナンみたいな典型的な発酵食品じゃない面白いローカル料理探してるんだけど、知ってる？」

と尋ねると、うーんとしばらく考え込むサイード君。

「そういえばオレのばあちゃんが、変わったお粥みたいなのつくってたなあ。じいちゃんがたまに酒飲んできた次の日に、二日酔いに良いんだって言って。酸っぱいお粥」

おいおい。イスラム教徒なのにお酒飲むのかよ、と突っ込んだら、

「そう思うよね。でもオレも酒好きなのよ。そのお粥のこと教えてあげるからさあ、この後ビールおごってよ」

と悪びれた様子もない。お安い御用だ。それではその酸っぱいお粥のことを教えてもらおうではないか。

「米を水に漬けたまま、一晩置いておくの。そしたら水がプクプクするから、その米を煮るんだよ。タマリンドのアチャールとかナッツとか載せて食べる。基本的には朝ご飯。油少ないからお腹が弱っていても食べられるし、二日酔いが治るんだってさ」

ベンガル語では、パンタ（水）・バット（米）と呼ぶらしい。お米を主食としているイン

ド東部に特有の料理だという。それは面白い！　そのパンタ・バット、どこか食べられるレストランはある？　と聞くと、「お兄さん、インドの料理についてちゃんと知ったほうがいいよ」と地元の人から見たインドの食事情についてのレクチャーが始まる。

「ここではレストランで食べる料理と、家庭でつくる料理が全然違ったりするんだ。レストラン行ったら、チキンターリー（カレー定食）とかビリヤニとか、油や肉いっぱいで味が濃い料理でしょ。これはお客さん向けの料理。でも家では、特に女の人やお年寄り向けに油や肉を使わない味の薄い料理をつくる。こういうのはハレの日向きのレストランには地味すぎて合わない。だからパンタ・バット食べたかったら誰かの家に行くか自分でつくるしかないよ」

なるほど。それじゃあ誰か料理好きの知り合いをコルカタでつくるしかないか。とりあえず移動続きで疲れたから、今日はもうビール飲んでゴロゴロしようかな……。真っ白な服を着てクリケットをする一団を眺めながら、モイダン公園を後にしてバーに行き、サイード君と久々の冷えたビールで乾杯した。「オレは強いぞ！」と意気込むわりにはふだん飲まないのでペースがわからないサイード君、学生のようにキングフィッシャーの大瓶を一気飲みし、ベロンベロンに酔っ払ってしまった。なかなか憎めないヤツである。

「オレさあ、日本行ってみたいよ。日本で働いてさあ、街で可愛い女の子ナンパしたいよ。

ビールだけじゃなくてさ、日本酒っていう甘くて美味しい酒もあるんでしょ。ビハールの田舎とコルカタしか知らないんだよオレ。国を出るためには誰かにビザ取るための紹介状もらわないといけないんだ。お兄さん、紹介状書いてよ……」

バーを出た後、酔っ払いの青年を送るついでに親戚の織物屋に行き、最高級品ではないがまあまあの値段の絹のストールを家族用に買った。これで彼も一応は、客引きの務めを果たしたことになるはず。こういうお金の使いかたができるのも、いいオトナの旅人の証であることよ。

サイード君、いつか日本に来ることがあるのだろうか。メールアドレスは渡しておいたので、あの調子で「お兄さん、紹介状！」と一報が来るのを待つことにする。

インドの発酵お粥

コルカタ以東に僕の知らない発酵文化があることはわかった。しかし文献でもネットでもこれだ！　という情報が見当たらない。こういう時は足を使うしかない。サイード君からパンタ・バットに関する情報提供があったものの、ではどこを訪ねたらいいのか？

日本を出発する前に友人から紹介してもらった、コルカタ在住の映画監督の佐々木美佳さんにコンタクトを取ってみることにした。佐々木さんはコルカタ出身の詩人の歌を辿った

『タゴール・ソングス』というドキュメンタリーを撮り、現在は市内の大学で映画を習っているベンガル文化の事情通である。きっと耳よりなストリートニュースを知っているに違いないとメッセージをしてみたところ、予想以上の回答がきた。

「そういえば最近仲良くなったご近所さんが、色んな料理を手作りしています。週末一緒に会いに行きませんか？」

もちろん行きます！　という返事に添えて、パンタ・バットをもし知っていたら一緒につくらせてほしいというリクエストを送っておいた。

そして週末、コルカタ中心地から南に５km ほど、ラビンドラサロバール湖という人工湖があるエリアを訪ねた。中心部の狂ったような喧騒と違い、ゆったりとした町並みに、お洒落なカフェが点在する、日本でいうところの吉祥寺・井の頭公園のような雰囲気だ。この一角の奥まった集合住宅を集合場所に指定された。

あらわれたのは、好奇心の強そうな大きな目と、まるで表参道を歩いていそうな洗練されたファッションのお姉さんだった。

「はじめまして！　なんだけど、私、あなたのこと前から知っているの」

彼女はサンジュクタ・ロイさん。ファッションデザイナーで大の発酵好き。ここ数年、世界各地でシェフや研究者、クリエイターたちが発酵に興味を持ち、自らをFermenter（発酵の実践者）と呼び始めている。僕はこのFermenterの国際コミュニティ向けのオンラインフォーラムで何度か講演をしたことがある。なんとロイさんはその時の僕の講演を聴いていたそうなのだ。発酵好きの縁は海を越えるのだね、びっくり！

「美佳さんからあなたが来るって聞いて楽しみにしていたの。パンタ・バットの用意もしてあるから」

とのっけからノリノリである。家に入ると、発酵好きのキッチン特有のかぐわしく酸っぱいあの香りが漂っている。流しには、水に漬けた米がプクプクと泡を立てている。

「パンタ・バットは古い料理で、おばあちゃんのレシピっていう感じ。私も久しぶりにつくるかしら。お酒を飲みすぎた時とか、お腹の調子が悪い時に食べる家庭料理で、確かにレストランじゃ食べないかもね」

サイード君の言っていたことは正しかったのだ。さてこのパンタ・バット、どのようなものだろうか。ロイさんと一緒に手を動かしながら説明していこう。

まず、お米を生のまま水に漬ける。半日ほどすると、水がわずかに泡立って発酵し酸っぱくなる。そうしたら水と米を分離し、酸っぱくなった米をお粥にし、アチャールやじゃがいもの炒めものなどを添え物にして食べる。ちなみにプクプクと泡立ち、やや白濁した水も取っておいて、酸っぱいドリンクとして飲んだり、次にパンタ・バットをつくる時に水に加える発酵スターターとして使ったりする。

「あれ、僕このテクニック、知っているぞ?」

日本の発酵で思い当たるフシがある。中世に行われていた日本酒やどぶろくの醸造技術「菩《ぼ》提酛《だいもと》」という方法である。生米を浸水させると、米のでんぷん質から分解された糖分が水に溶け出していく。その糖分をエサに、乳酸菌が増殖してヨーグルトのような酸味が生まれるのだ。酒の発酵の場合は、半日と言わずもっと長く米を水に漬け、腐敗一歩手前までハードに発酵させるのだが、パンタ・バットの場合はやや乳酸発酵が進んだあたりでフィニッシュ。

付け合わせもこってりしたものや肉は使わず、じゃがいもや玉ねぎ、オクラなどシンプルな野菜の漬物や炒めもの、マンゴーやタマリンドなど酸味のある果物を合わせて食べる。スパイスも少なめで、油も動物性タンパクも少なく、さ

つぱりと食べられる。初夏から夏にかけて、暑い時期に好んで食べられるという。
コルカタの夏は、日本よりも気温が高く、ドライだ。その環境は日本人の僕にはツライこ
とこの上ないが、乳酸菌には元気になれる環境だ。日本では何日もかかって雑菌も多く入っ
て臭くなってしまうお米の乳酸発酵が、一日もかからず上品に仕上がってしまうのである。
ネパールとインドの油こってりでうま味のないスパイス料理を食べ続けて弱りきった僕の
胃腸に、パンタ・バットは限りなく優しく染み渡っていった。軽やかな酸味と発酵のうま味
のあるお粥がダシ茶漬けのようだ。付け合わせの生の玉ねぎの辛味とマンゴーの酸味に久し
ぶりに食欲が刺激される。こんなに優しいインド料理があるなんて！

「コルカタの伝統的な食文化は、一般的なインド料理とはイメージ違うかもね。まず主食は
とにかく米。そして魚をよく食べる。そういう意味では日本人の口に合う料理も多いかもし
れない。もうひとつ、お米の発酵料理を教えてあげる」
次にロイさんが実演してくれたのは、ドゥーサという米粉を主体にしたクレープだ。こち
らもパンタ・バット同様、日本人の口に合う軽めであっさりした料理である。米とダール
（小粒の緑豆）を生のまま水に漬ける。半日〜1日経つとパンタ・バット同様プクプクと発酵
する。次に米と豆と水をブレンダーにかけ、ペースト状にしてさらに半日〜1日待つ。する
とペーストの表面にパン種のように気泡ができ、2倍ほどに膨れる。このペーストを鉄板の

上に薄く伸ばしてクレープのように焼き上げる。

この上に様々な具材を載せていく。ロイさんのお気に入りは、トマトと玉ねぎ、タマリンドやマンゴーに塩を加えて乳酸発酵させたアチャール。じゃがいものスパイス炒めも定番だ。生地が焼き上がってきたら、ギー（発酵バター）を真ん中と縁に垂らしてフライ返しで鉄板から剝がしていき、パイあるいはラップサンドのように具材を包んでできあがり。そのままでも食べられるが、サンバルという唐辛子の効いた豆カレーに浸して食べるのも美味しい。

このドゥーサは、もとは南インドのローカル料理なのだが、米が主食の東インドのコルカタでも、軽めの昼食に好まれている。浸水させる時の乳酸発酵はパンタ・バット同様だが、ペースト状で発酵させる時はパンのような酵母発酵で、ふんわり感と香ばしさが加わる。さっぱりした酸味と、生地のしっとり感に食が進むが、それほどお腹に溜まらない。胃腸弱めの日本人（つまり僕）にぴったりのメニュー。華奢な体格の佐々木監督も「優しい〜」とご満悦だ。

南インドや東インドの夏は殺人的な暑さである。体が弱い人ならすぐに食欲を失ってしまう。油こってり、香辛料たっぷりの料理は負荷がかかりすぎる。そんな時に、サラッとした米料理に、乳酸発酵の軽やかな酸味をプラスする。すると油も塩味もなくともスルスルとお腹に入ってしまう。体力のない子供や女性、お年寄りにはパンタ・バットやドゥーサはぴったりの食事なのだろう。

「私も昔は、油や炭水化物をいっぱい摂る一般的なインド人の食事をしてきたんだけど、ちょっと前に体調を崩したの。その時に出会ったのが軽くて消化にいい発酵食。でもインドではメジャーじゃないものばかりだから、自分で手作りしないと。そうやって色々つくっていたら本格的にハマっちゃって」

そう語りながらロイさんが部屋のクローゼットを開けると、上から下まで様々な漬物や自家製酵母の瓶がギッシリ！　ソファの横には、僕のよく知っている香りのする箱が。カバーをめくってみると、そこには絶賛発酵中の日本の米麹が。

「あなたの講演聞いて日本の麹にも興味を持ったの。知り合いに種麹を分けてもらって、見よう見まねでつくってみたんだけど、どうかしら？」

米粒を割って菌糸の生え具合をチェックしてみると、インドの米でもちゃんと麹になっている。食べてみると、しっかり甘みも出ているではないか……。これで美味しい甘酒や味噌も仕込めそうだ。

発酵にとどまらず多趣味なロイさん。ファッションデザイナーの活動と並行して習っていた合気道にも熱が入り、最近は道場の先生もやっているらしい。

「せっかくだし、あなたも合気道やる？」

そう誘われて、道着を着てロイさん家の近くの道場へ。特別にベンガル語と英語のバイリンガル環境で稽古をつけてもらった。道場に通うコルカタっ子たちに散々ぶん投げられて良い汗をかいた日本人、その夜は温水器の壊れたホテルの冷水シャワーがありがたかったことよ！

カーリー女神との邂逅《かいこう》

人ひとりがなんとか通り抜けられる狭い路地が蛇のようにぐねぐねと、奥へ奥へと続いていく。ぬかるんだ泥道に散らばった、果物の皮や割れた素焼きのカップ、ぺしゃんこになったネズミの死骸を踏みつけながら進んでいくと「おい、お前はどこへ行くんだ？」とガラスのない格子窓の向こうから半裸の男が僕を睨みつけている。驚いて後ずさると、壊れた水道管から漏れ出た水が僕の脇腹を濡らす。曲がり角には毛が抜け落ちて痩せこけた犬がぐったりして死んだような目で僕を見ている。犬だけじゃない、２階の窓から老女が、ゴミ捨て場の棚の上に寝転んだ青年が。無数の目線に追われながら、泥まみれの迷路をいつしか小走りで抜けていく。

するとと突然視界が開け、朝の眩しい光とともに、異様な喧騒があらわれる。門に囲まれた広場で、白い服を着た裸足の群衆が右へ左へと動き回るざわめきの合間に、メェ〜と悲しげに鳴く獣の声が響き渡る。

　コルカタ地元民の聖地、カーリー寺院だ。

　コルカタでの目的を果たした後、僕はラビンドラサロバール湖の近くのペンションに宿を移した。あちらこちらと動き回って忙しなかった旅の終わりに、予定をつくらずしばらくのんびりしようと思ったのだ。ペンションの前の屋台で朝ご飯を食べている時に、隣に座っているおじさんに「どこか行ったほうがいい場所が近くにあるか？」と聞いたら、

「コルカタに来たら、カーリー寺院に行かないとダメだ。この街で一番の聖地だぞ。あっちの方角に30分くらい歩けば着くぞ」

　とざっくりした答えが返ってきた。舌が溶けてしまいそうなほど甘いミルクティーを飲み終わると、僕はおじさんの示した方角へひたすら歩いていくことにした。

　閑静な住宅街を抜け、賑やかな大通りを抜け、露店の並ぶ下町で「カーリー寺院はあちら」と書かれた看板のある角から路地裏に入ると、カーリーガートというくたびれた建物がひしめく迷路のようなスラムに着く。その真中にあるのがカーリー寺院だ。聖地と聞いて、さぞや壮麗なヒンドゥー寺院なのかと思いきや、さほど大きくもない、僕の通り抜けてきた住宅と同じくくすんだ壁の「街場のお寺」だ。そのぱっとしない建物に、色とりどりの花輪が大量に飾られ、複数のお香が入り混じった強烈な匂いが立ち込めている。

「観光客か？　あそこで靴を預けろ」

眼光の鋭いお兄ちゃんが僕を献花売り場に連れて行く。10ルピー（約17円）を払ってサンダルを預けて裸足になり、献花を受け取る。お兄ちゃんが献花売り場から右を指差し、ニヤリと笑う。

「あっちがカーリー神のいる本堂だ。地元の人と並ぶと1時間待つぞ。200ルピー払えばVIPパスですぐにお参りできる」

僕ヒマだから、1時間並んでも平気だよと言うと、チッと舌打ちして入り口に戻ってしまった。客引きのジャマをしてすまない……。

行列待ちをしながら、近所のおじさんおばさんにカーリー神とはいかなる神なのか質問してみた。

「カーリーは暴力の女神だ。破壊神シヴァの妻で、アスラ（阿修羅）というヒンドゥーの神々と対立する軍勢を殺戮《さつりく》し、その血を飲み尽くして酔っ払って踊ったら大地が砕けそうになった。それを防ぐために大地に体を投げ出した夫のシヴァの腹を踏み破ってしまっても悪びれない、恐ろしい女神なんだ」

と言う。えっ、女神って慈悲深い存在なんじゃないの？　と思いきや。悪い神々を倒してくれた軍神として、そして子宝（主に男子）を授けてくれる女神としてコルカタはじめベンガル地方一帯で深く信仰されている存在なのだ。

ネパールのパタンでボビンさんから聞いたインド信仰の起源、ヴェーダの話を思い出す。インドの古代神話では、破壊と創造はセットだ。創造神のブラフマーがつくった世界で、破壊の神シヴァと維持の神ヴィシュヌがにらみ合い、その拮抗によって秩序が生まれるというプロレスみたいな構造になっている。その構造のなかで、破壊の神はカタルシスをもたらすアブドーラ・ザ・ブッチャーやザ・シークのような最高のヒールとして崇められている。破壊のカタルシスが次なる創造を生み出す。耐えざる破壊が世界のエネルギーの源泉なのだ。

そしてその破壊と創造の連鎖が無限の神のバリエーションをつくり出し、やがて善も悪も全て巨大な混沌のなかに溶けていってしまう……。

インドの壮大なプロレスに思いを馳せているうちに行列が進み、いよいよ本堂にお参りする瞬間がやってきた。帽子を取って献花を入れ、堂内に歩を進める。

そこは異様な世界だった。灯りのない伽藍の空間。高い窓から矢のように差し込む光が、中央に鎮座する異様な物体を射している。光のビームは、その物体に吸い込まれて消滅し、周囲の空間を歪ませている。無数の参拝者のざわめきもまた漆黒に吸収され、堂内の空気は静かで重たい。一人また一人と黒い物体に献花を捧げ、堂内の行列がゆっくり進んでいく。

「あの物体の前に行きたくない」

一歩進むごとに言い知れぬ恐怖が募っていく。

「次はお前の番だ、来い！」

上半身裸の僧侶が僕の手を引っ張り、黒い物体の前に立たせる。

真っ黒な球体が、極彩色の花冠で飾られている。冠の真ん中に空いたブラックホールのなかに、血走った目が三つ、花弁のように咲いている。カーリー神だ。

「何を突っ立っているんだ！」

耳元で鋭い叫びが上がり、僧侶の濁った沼の水面のように輝く眼《まなこ》が暗い空間からヌッと目と鼻の先に浮かび上がってくる。彼は僕の上半身に水をかけ、手に持った献花を引ったくるようにして漆黒のカーリー神に捧げる。そして何かブツブツとまじないを唱えながら、赤い香料にまみれた指を僕の額に押し当てた。その指先から反射的に目を背けると、目線の下にあるカーリー神の、底なしに昏《くら》い三つの穴と目が合ってしまう。

気温は30℃を超えているはずなのに、脇から冷や汗がとめどなく流れ出す。突然水中に突き落とされたように、無重力の世界を漂っていく。聴こえるのは、自分の心臓の音だけ。何も見えない、聞こえない異空間のなかで三つの虚無の眼に射すくめられる。

瞬間、真っ黒な手が伸びてきて自分を脳天から薄紙を破るようにピリピリと引き裂いた。黄、赤、緑、紫……色鮮やかな粒子が引き裂かれた僕の外袋からこぼれおちて、昏い水中のなかでキラキラと輝いた。しかしそのきらめきもまたすぐに漆黒に溶けていき、僕は完璧な無と化した……。

生気を抜かれたように堂の外に出ると、目の眩むような白日の光の洪水と無数の人々のわめき声が戻ってくる。ようやく戻ってきた視界の先には、大きな包丁を振り下ろす痩せぎすの男の姿。ドスン！　と重たい音がして、仔ヤギの首が宙を舞って地面へと落ちていく。

ほんの少し遅れて、首のあった場所から血がドバドバと溢れ出してくる。胴体はいまだピクピクと痙攣《けいれん》を続け、四肢がむなしく空を摑もうとあがいている。

男は仔ヤギの胴体を逆さに吊るし、血を受け止めるタライを地面に置いた。仔ヤギの生贄をカーリー神に捧げるその瞬間、境内の時間が止まり、群衆の視線が胴体と首のあいだに生まれた虚無に注がれた。

数秒、それとも数分が経った頃だろうか。屠畜係の男は吊るした仔ヤギの胴体の皮を慣れた手付きで剝いでいく。すると皮下で薄桃色に震える心臓や肺があらわになる。どくんどくんと柔らかく呼吸する内臓に刃を入れると、薄汚れたタライに、インド綿の花のような官能的な赤い血が溜まっていく。血が抜けきると、男は手早く内臓を胴体から取り出し、骨から肉を剝がし、足を切り取り……仔ヤギの一体の生命は、みるみる肉片の塊に分解されていく。胴体から離れて力なく転がっていた仔ヤギの目は徐々に色を無くし、ただの虚ろな穴になっていった。

僕はその穴から目を離すことができず、呆然と突っ立ったまま土埃にまみれていた。カラカラに乾ききったコルカタの太陽がうなだれた僕の首筋を炙って体内の水を蒸発させた。やがて汗すら出なくなり、灼熱はジリジリと皮膚から身体の芯まで焦がす。僕はまもなく灰になって空の昏い穴のなかに散っていくだろう——。

第8章：インド最果てのアナーキー糀一族

戦火を逃れた村のなかで、餅のような物体がいくつも重なって白く輝いている。それは数百年以上、辺境の森の中に受け継がれたアジアの発酵文化の核だ。ようやく見つけた。いや、ただ見つけただけじゃない。僕は今、糵《よねのもやし》の起源を自分の手でつくっているのだ。インド世界の理《ことわり》から隠れて生き延びてきたこのインド麹には、はるかな茶馬古道を越えてきた民族の絆が託されていた――。

いよいよ旅は最後の章に差し掛かる。

リンブーの家で出会った夫婦から、お前の探している米の麹はネパール国境の向こう、インドの山の中でつくられていると告げられた。それはどこなのだろうか？

「何百年も前から麹をつくっている村があるらしい」

コルカタでロイさんと一緒にキッチンに立ってから、同じ発酵好きとしてすっかり意気投合。以降、頻繁にコンタクトを取るようになった。そのやりとりのなかで、僕の探している「糀」の文化の起源のヒントになりそうな場所があるという。

「コルカタからさらに東のマニプル州というところでつくっているみたい」

「それって、米と薬草でつくる麹のこと？　どぶろくや焼酎をつくる用の？」

「そう！　それ。マニプルの森の中に、ずっとその文化を継承している人たちがいるらしいのよ」

さっそくインドの地図を見てみると、マニプル州は東をミャンマー、西をバングラデシュに挟まれた谷間の土地である。

アジア発酵街道に当てはめると、雲南のダーリーからミャンマーを横断し、最初にインド世界に入る関所のような場所だ。紅茶で有名なアッサム州が東西に平べったく広がり、さらにその下にナガランド、マニプルと聞き慣れない地名が並ぶ。

よくテレビや新聞で出てくるインドの地図は、バングラデシュとインドの国境、コルカタあたりで切れるのだが、さらに東にほぼ飛び地状に未知の土地が続いているのである。

「アッサムから東の7つの州は、セブンシスターズと呼ばれるエリアで、大半のインド人も行かない場所。民族紛争が常態化していて、コルカタに住む私でもマニプルに行く時は入域許可証がいるのよ。そういう特殊な場所だから、食文化もユニークなものがいっぱいある」

なんとロイさん、数年前にマニプルに数日滞在したことがあるそうだ。僕の話を聞いた時に、現地の食文化を思い出したらしい。

「あと麹だけじゃなくて、魚の発酵食品もあったはず……」

米と魚の発酵文化。ロイさんの話を聞く限り、マニプルのその村は日本にかなり近い食文化があるのではないか？

「ヒラク君、あなたの目的地はマニプル。いっしょににインド麹をつくろう」

と目を輝かすロイさん。こうして印日の発酵好きコンビで、インド極東の辺境マニプルに赴くことになった。そこにはきっと、日本の発酵の起源があるに違いない！

マニプル行き、黄信号？

マニプルでの麹づくりは、冬は休みで、暖かい時期に行われるらしい。コルカタからマニプルにそのまま飛ぶことは諦め、いったん日本に帰ってからマニプルの旅に出ることに。2023年5月、渡航10日ほど前にロイさんから不穏なメッセージが届く。

「民族紛争が起きているみたい。マニプルに行けるかどうか、黄信号かも」

英語のニュースサイトを調べてみると、前日に現地で大規模な暴動があったようだ。いくつかの記事を見てみる限り、どうやらクキ族とメイテイ族という民族が衝突しているらしい。

どちらも聞いたことのない民族だ。ロイさんを紹介してくれた映画監督の佐々木美佳さんからも一報が届く。駐在員の知り合いにマニプル行きの可能性を聞いたら、

「日本人はメイテイ族に似ているから、何をされるかわからない。絶対にやめておけ」

とのこと。SNSでマニプルのハッシュタグを検索してみても、大半が宗教的なプロパガンダばかりでますます実態が把握できなくなる。

「正直、マニプルの状況は良くはない。でも少しずつ日常を取り戻している。俺はメイテイ族だから、どこに行ったら危ないかよくわかっている。安全な場所を選んでガイドするから、もし飛行機が飛ぶなら俺は受け入れる」

もう今回はマニプル行きは無理なのでは……と諦めかけた渡航3日前。ロイさんの友人で、マニプル側のホストを引き受けてくれたアモさんという人物からの現地レポートが届いた。

慌ててコルカタからマニプルへの乗り継ぎ便の運航情報をチェックしてみたら、予定通り飛ぶそうだ。僕は戦場ジャーナリストでも何でもないが、この機会を逃したら、インドの麹村には二度と行けないかもしれない。

錯綜する情報を追いかけるのを止め、僕はロイさんとアモさんを信じることにした。


そして渡航当日。

まずハノイ経由でコルカタ空港にチェックイン。イミグレーションでインドの入国ビザを

申請する。前回は数分で終わった手続きなのだが、今回は様子が違う。

「お前は、マニプルに行くのか？」

僕の申請書を見るなり窓口のおじさんがあたふたし始める。他の乗客たちがイミグレーションを通過するまで待機するように命じられ、他の窓口のおじさんたちがわらわらと集まって相談し始める。

「マニプルには、何をしに行くのか？」

ここで「観光です」と能天気に答えたら、日本に追い返されるぞと僕の直感が告げる。

「親族がいるんです。久々に訪ねようと思って」

「その親族の電話番号を教えろ」

事前に控えていたアモさんの携帯番号を渡すと、その場で電話をかけ、アモさんと何やらヒンドゥー語で相談をし始める。5分ほどして電話を切ると、おじさんは申請書にスタンプを押し、目で「通れ」と合図した。


搭乗締め切りギリギリで乗り継ぎ便に乗り込み、1時間半ほどでマニプルの州都、インパールの空港に到着。機内は迷彩服を着た軍人ばかりの物々しい雰囲気だ。飛行機から降りると、空港内もやはり軍人ばかり。到着出口に残されたのは僕と、若い東アジア系のお兄ちゃんとそのお母さん。外国人は空港を出る前に臨時の身元チェックがあるらしい。僕の前にチェックを受けた母子は、韓国籍なのだが母方がメイテイのルーツなのだという。チェック係のおじさんと二、三言葉を交わしてすぐに出口に通された。僕もその勢いで、母方の親族にメイテイがいて……と適当な説明をして出口へ向かったが、腕を摑まれて、

「その親族の電話番号を教えろ」

と詰め寄られる。コルカタ空港と同じパターンだ。アモさんに電話がつながると、

「お前の親族は駐車場で待っているそうだ。オレが空港の外まで付き添いしてやる」

とことんおせっかいである。銃を持った軍服のおじさんと空港の外へ歩いていく。もし嘘がバレたらその場で射殺されるのでは……とハラハラしながら駐車場に出ると、

「ヒラク！　ここだよ！」

と車の窓からアモさんとロイさんが叫んでい

る。なんとメイテイ族のアモさん、ほんとに日本にいそうな薄めの東アジア顔である（写真中央）。車に駆け寄り、アモさんと並んで「遠い親族ですよ」アピール。ロイさんも「この人は私の友人で……」と身元チェックのおじさんを説得している。やがて「なるほど、縁故があってここに来たわけだ」と納得したのか、おじさんは空港に戻っていった。

やれやれ、なんとか辿り着いた。ほっと一息ついたところで、ようやく周りの景色が目に入ってきた。

コルカタのガラスピカピカの現代建築とは100年くらい時間軸がズレていそうな、東南アジアの民家風の平べったいインパール空港。周りにはマンゴーやクスノキが生い茂り、高層ビルは見当たらない。標高800mの丘陵地には、穏やかな青い空に心地よいそよ風が吹き、コルカタより少なくとも10℃くらい温度が低い。インドというよりは東南アジア、あるいは日本の南の島のようなのんびりした雰囲気だ。しかし、こののどかなマニプル州で、僕はインドの激しい矛盾を突きつけられることになる。

戒厳令のインパール

3回の乗り換え、丸24時間のフライトを終え、なんとか入国もできたしお茶でもするかと市内に入ると、もうすぐお昼だというのに通り沿いの店が軒並み閉まっている。レストランもカフェもスマホショップも薬局もシャッターを下ろしていて、銀行や郵便局やガソリンスタンドすら開いていない。人通りもまばらで、通りを走る車も少ない。

「2週間前に大きな暴動が起こった後に、政府から戒厳令が出されたんだ。店舗は営業停止。ATMも使えないからお金も下ろせない。ガソリンスタンドは一日3〜4時間しか開かないから毎日長蛇の列。インターネットも遮断されたから、スマホもネットも使い物にならないし、電子決済もできない。そもそもお店開いてないから意味ないけどね」

アモさんが困り顔で言う。州都インパールを含むマニプル州全土が対立する二つの民族の武力抗争が激化する緊急事態で、現代の都市文明が機能停止しているらしい。

「今は2週間前より状況は落ち着いていて、大きな暴動は起こらなくなってきた。政府は明日でインターネット遮断を解除する、と言っているけど実際のところはどうだか……。あ、俺の行きつけのカフェでこっそり開けてるところがあるみたいだからコーヒーでも飲もう」

コロナ禍の真っ最中に深夜まで営業していた日本の居酒屋の如く、お上の言う事を聞かない店がマニプルにも一定数あるらしい。大通りから一本外れると、インドではおなじみの露店をちらほら見かけるようになる。レストランが開いてないぶん、屋台の定食屋さんの前には人だかりができている。オフィシャルな都市機能は停まっているが、路地裏の草の根経済活動は健在。この大らかさがアジア的で頼もしい。

目的のカフェに着き、コーヒーと揚げドーナツを注文して席につく。

「大変な状況のなか受け入れてくれてありがとう。旅を始める前に、今マニプルでは何が起こっているのか聞いていい？」

アモさんはキョロキョロと近くに誰もいないことを確認すると、低く抑えた声で話し始めた。なおアモさん、ロイさんとの会話は英語である。

「改めて、俺がアモだ。よくマニプルに辿り着いたな。今はインド人でもここに入るのは難しい。情報が遮断されているから外からはマニプルで何が起こっているのか誰もわからない。日本でももしかしたらニュースが出ているかもしれないが、内容を鵜呑みにしないほうがいいと思う」

「ＯＫ。じゃあまずは、誰と誰が戦っているのか教えてほしい」

「メイテイ族とクキ族、ということになっている。この2つの部族は、マニプルのマジョリティでメイテイとクキを合わせると州の人口の80％以上。どちらも元々は東から来た民族だ」

カフェの外を行き交う人たちを見てみると、他のインドの街と違って東アジア系の顔が圧倒的多数。彫りの深いガッシリした体格の人はコルカタに比べて顕著に少ない。

「先にこの土地に来て王国を築いたのがメイテイ族。クキ族は近代になってからマニプルに入ってきた民族で、すぐ隣のミャンマーとマニプル州に渡って住んでいる。マニプル州の二大部族であるメイテイとクキは、ここ数十年のあいだ何度も民族衝突を起こしている。なかでも今回の衝突はとりわけ大きかったわけだが、青天の霹靂《へきれき》、というわけでもない」

「何が原因で衝突が起きているの？　宗教？」

「メイテイはヒンドゥー、クキはクリスチャンが多い。宗教のバックボーンが違うから、外からは宗教対立と見られがち。だけど実際はそれだけじゃないんだ。原因はインド全体の民族問題にあってだな……」

とまだまだ話が続きそうな気配だが、ドーナツを食べ終わったロイさんが口を開く。

「そろそろ行きましょう。その話をすると長くなっちゃうから続きはまた。まずはゲストハウスにチェックインしないとね」

どうやら今回の紛争の背景はかなり複雑そうだ。


カフェを出て、インパール市の中心からやや離れたダウンタウンへと走っていく。コンクリートで舗装された車道が終わり、砂利や泥にまみれた狭いジグザグ道を分け入っていく。古くからメイテイが住む住宅街だ。

車ですれ違うメイテイの人々のなかに、どう考えても親戚の誰かとしか思えないような見覚えのある顔を見つける。マニプルに滞在中、

「あれ？　ヒロシおじさん、なんでこんなところにいるんですか」

と思わず日本語で声をかけそうになったことが何度もあるぐらい、メイテイと日本人（とりわけ僕の母方のルーツである九州の人）はよく似ている。

「ヒラク、あそこを見てみろ」

アモさんが車の窓から道の曲がり角を指差す。金色の龍が塀に彫られている。

「金色の龍はメイテイの古い信仰、サナマヒ教のシンボル。俺たちはヒンドゥー教と自分たちの宗教の2つを信じているんだ」

「へえ。日本人みたいだね」

さっきのカフェの会話から、どうやら僕が食文化だけじゃなくて歴史や文化に興味があることを察してくれたらしい。いくつか角を曲がると、アモさんが家族と住む実家に着く。

マンゴーや菩提樹が生い茂る立派な庭に、3階建てのアパート形式のゲストハウスが併設されている。2階のワンフロアがマニプルの旅の拠点だ。真ん中にダイニング兼キッチン、その両隣にある2つの客室を、僕とロイさんで分ける。広いテラスには大きなテーブルと椅子が置いてあり、リビングのようにくつろげる。土埃を避けるために四方を壁で囲んだ大都市のホテルと違って、風通しの良いリラックスした場所だ。

灼熱のコルカタと比べたら別世界の涼しさと静かさ、ここだけ切り取ればもはや東南アジアのリゾート……。

発酵まみれの自炊パーティ

シャワーを浴びて、久しぶりのやわらかいベッドに横になっているうちに眠ってしまったらしい。西日がカーテンから差し込んでいる。庭に帰ってきた鳥たちの声に混じって、誰かが林を歩く音がする。テラスから1階を見下ろすと、ロイさんがマンゴーの実をもいでいる。僕も庭に降りていって、野生のマンゴーをもいだ。

「私の両親の家にもマンゴーの木がいっぱい生えていて、シーズンになると食べきれないくらいマンゴーばっかり。お米よりもマンゴーが主食だったかも」

と昔を思い出して苦笑いしている。商品用に栽培されていない野生のマンゴーは、ものによっては酸っぱくて固くて食べづらい。僕たちはキッチンに戻ると、もいだばかりのマンゴーを薄く切り、ガラスのジャーに水と砂糖と一緒に入れて発酵させることにした。自家製酵母の要領だ。ロイさんはコルカタでもよくこうやってマンゴーのアチャール（漬物）をつくって料理の付け合わせにしているらしい。ジャーに入ったマンゴーのみずみずしい青緑色を見ているだけでお腹が減ってくる。

ちょうどマンゴーアチャールの仕込みが終わった頃に、鍋を抱えたアモさんがやってきた。

「レストランが開いてないから、戒厳令が出ているうちは夜はここで自炊！　今日は俺がマニプルの家庭料理を持ってきたぞ」

テラスのテーブルに、鍋料理を一つ、サラダを一つ、そして炊いたお米を置いてシンプルな夕ご飯を食べる。鍋の蓋を取ると、いわゆるダール（豆）カレーのようなドロッとした豆のペーストが入っている。カレーっぽく見えるが、香りがスパイス由来というよりは、僕のよく知っている発酵系のかぐわしさだ。

「これはエロンバという煮込み料理。メイテイの家で毎日のように食べられるソウルフードだ」

食べてみると、テクスチャーはダルカレーなのだが、明らかにカレーの味ではない。日本の煮込み料理に近いうま味を感じるのだが、醬油や味噌のそれではない。よく味わってみると、豆や野菜の食感の奥に、酸味と一体になった魚介系のうま味が感じられる。

「その通り。これは豆や野菜の煮込み料理なんだけど、味の決め手はスパイスじゃない。ナリという魚の発酵食品でコクを出すんだ」

ということは、ナリは魚醬のようなもの？　それにしては塩味が薄すぎる。エロンバは塩味よりも圧倒的に酸味とうま味が効いていて、そこにうっすらとスパイスを感じる味の設計になっている。醬油よりも塩分濃度の高い魚醬を調味料にしたら、もっと東アジアっぽいしょっぱい味わいになるはずだ。

「ナリは魚醤じゃない。魚をまるごと甕に埋めて半年、一年と長く発酵させたものだ」
それはなれずしではないか！　言われてみればこのうま味の詰まった酸味は、滋賀県琵琶湖のフナのなれずしのフィーリングだ。エロンバはインドのなれずしカレーなのである。当然ご飯とも猛烈に合う。しかもアモさんが炊いたメイテイ式のご飯は、細長いインディカ米をパサパサに炊いた一般的なインドご飯ではなく、ジャポニカ米をやや細長くしたようなローカル米を柔らかく炊き上げた、日本式によく似たモチモチご飯。味噌醤油の塩味ではなくなれずしの酸味の効いた魚の煮込みをおかずにワシワシとご飯を食べ進む感覚だ。

もう一品。生野菜をふんだんに使ったサラダはセンジュという。葉物や根菜を薄く刻んだシ

ヤキシャキの野菜にナッツなどをまぶした料理なのだが、単にフレッシュなだけではない、ここにも醸され系の香ばしいフレーバー。

「センジュも発酵した魚で味付けする。ナリで味付けすることが多いんだが、盆地のメイテイは伝統的にヘンタッという別の発酵魚を使う。俺のセンジュは昔らしくヘンタッで味付けした」

ふだん聞き慣れない固有名詞の連発で脳みそがついていかないが、とにかくヘンタッという発酵魚によってこの若干スモーキーなうま味が生まれるらしい。してそのヘンタッとは？

「これがうまく説明できないんだ。魚を葉っぱと混ぜて、搗《つ》いてお団子のようにしたものなんだけど……週末に工場に連れて行ってやるからその時に現地の人に聞くのがいい」

謎である。ナリもヘンタッも、僕の知っている発酵魚のカテゴリーとはどうも違うらしい。センジュもサッパリとしたなかにうま味が効いていて食べやすく、胃弱日本人の僕でももたれない。メイテイの料理は、全体的に油も動物性タンパクも少ないあっさりした食文化のようだ。

「日本から発酵の専門家が来ると聞いて、改めてマニプルの料理を見直してみたら、発酵食品だらけだったよ。他のインドの料理のようにスパイスも使わないこともないけど、基本は発酵。とりわけ魚。発酵した魚と米と野菜。これがマニプル、メイテイの食の基本だぞ」

と嬉しげなアモさん。隣でロイさんが「ね？　来てよかったでしょ」とウィンクする。一通りご飯を食べ終えると、アモさんがテーブルに透明な液体の入ったペットボトルをドン！と置いた。

「それじゃ、今晩のお楽しみ。ユゥを飲もう」

小さなグラスに透明な液体を注ぐ。漂ってくる甘い香り……これは、雲南省の山村で散々飲んだ白酒だ。ただし中国の白酒よりもクセがなく、さっぱりしたハーブのような爽やかさを感じる。

「飲みやすくて美味しい！　これは何でつくったお酒なの？」

「米でつくった蒸留酒だ。メイテイに昔から伝わっている文化で、森の中にいくつかこの酒をつくり続けている集落があるんだ」

「ところで……そもそもこの地域でお酒つくったり飲んだりしていいの？」

インド世界に旅行したことのある人ならおわかりの通り、一般的に飲酒はハードルが高い。コルカタでは道端で会ったサイード君とバーに飲みに行ったが、日本で気軽に居酒屋に行くのとはワケが違う。ヒンドゥー社会では飲酒は穢《けが》れの行為として、上位カースト層には嫌われる。一般的なレストランではお酒は提供されず、飲酒ＯＫなバーはたいがい薄暗い半地下や屋根裏にあり、いかがわしい雰囲気。酒を飲むのは非日常の機会なので、サイード君もペースがわからず速攻で酔い潰れてしまったのだ。スーパーや食材店にもお酒はなく、酒屋さんは路地の一角に分離されている。しかも店内に入ることはできず、軒先についたガラスの窓越しに「すいません、あそこにあるカールスバーグください……」と仏頂面の店主のおじさんに気後れしながら注文する。背後を歩く子供から「ママー！　あのおじさん、お酒買ってるよ」と後ろ指さされて、まるで犯罪者になったような気分になる。

海外観光客も多く、比較的飲酒に寛容なはずのコルカタのような大都市でもそうなのだから、東の辺境、マニプルは推して知るべし。

「実はマニプルは、インドの中でも4つしかないアルコール全面禁止エリアだ（グジャラート州、ビハール州、ナガランド州、マニプル州の4つ）。バーもないし、酒屋もない」

「えっ、じゃあどうして僕たちは酒飲んでるんだ？」

「オフィシャルにはそうなっているんだが、森の中で酒をつくっている村だけ例外なんだ。たぶんお前の知りたい……なんだっけ、コージだっけ？　その文化に関係していると思う」

謎だらけなマニプルの夜。

戒厳令下で、夜は外出禁止。街は暗くしーんと静かで、インターネットは通じない。テレビをつけても映るのは国営の1チャンネルのみ。害のない歌謡番組だけが繰り返し放送されているのが不気味である。

「毎晩のように、マニプルのどこかの集落が焼き討ちされている。このエリアはメイテイしかいないから比較的安全だが、絶対に外には出るなよ」

アモさんが神妙な顔をしてショットグラスを僕に差し出す。違法飲酒である。一息でクイッと飲み干すが、白酒のように喉が焼け付くような強烈さはない。アルコール度数はおそらく20度ちょっとだろう。日本の米焼酎のように喉で花開くフルーティな香りにスッキリした飲み心地。今度は僕がグラスになみなみと酒を注ぎ、アモさんとロイさんに返杯する。

「日本ではカンパイという文化がありまして……誰かにお酒を注がれたら、お返しをしなければならないのです。ではグラスをこう目の前に掲げてですねえ、はいどうぞ！」

と乾杯を二〜三度繰り返すうちに、民族紛争の緊張はどこへやら、飲めや歌えやの宴会に。ここから一週間、僕たちは都市のインフラが停止した戒厳令下のインパールで、毎晩のように違法飲酒を繰り返すのだった……。

のどかな農村の内戦

無事にマニプルに辿り着いたウェルカムパーティの翌日。僕たちはインパールの市街地を出て、丘陵地に向かった。この土地の全体像を理解するためだ。

小高い丘に登り、マニプルを見渡す。空は白く澄み渡り、眼下には水をたたえた水田が光っている。そよ風の吹く丘の空気は涼しく、生い茂る木々の樹勢は熱帯のそれよりも穏やかで、日本や韓国の田舎に来たかのようだ。

マニプル州はインパールの街のある「盆地」と、盆地を取り囲む丘陵地帯の「森」、そしてロックタックという大きな「湖」の3つの要素で構成されている。商業や政治など、都市機能は盆地のインパールに集約され、農業や工芸は森で、漁業は湖で行われている。

「盆地と森で、住民の性質も変わるんだ。盆地の平野部はヒンドゥー教徒が多い。ヒンドゥーじゃない民族は、森に住んでいる。今回大きな衝突が起こったのは、盆地と森の境界なんだ」

もともとマニプル王国に住んでいたヒンドゥーのメイテイは市街地に住んでいる（アモさんもそう）。いっぽう、後からやってきたクリスチャンのクキは市街地で多数派を成すことができず、盆地の周辺部に集落をつくるか、森の中に住んでいる。

つまり「民族」と「宗教」で生活レベルも職業も変わってくるわけだ。これはマニプルだけでなく、インド全土において当てはまる。インド世界全体のピラミッドの頂点は「アーリア人」で「ヒンドゥー教徒」であることだ。

今回の内戦のきっかけは何だったのか？

インドにはカーストの秩序のさらに「外」がある。バラモンによって「穢れの多い」とされた職業につく「不可触民」と、バラモン教秩序の外にいる「少数民族」である。

この2つはインド社会のなかで近代に至るまでまともに人権を認められてこなかった。そんな状況のなか、第二次世界大戦前後、インドが大英帝国から独立する時期にカースト外からインド政権の中枢にのしあがった偉人がいた。アンベードカルという、不可触民出身の政治家である。

彼は自由に水も飲めないような悲惨な境遇から這い上がってアメリカやイギリスで社会学や法律を学び、インドの独立後の憲法の草案をつくるという偉業を成し遂げた。さらに特筆すべき功績は、3000年を超えるインドの歴史ではじめて「不可触民の人権」を認めさせたことだ。彼のつくった法案がきっかけとなり、独立後、インドでは下位カースト、不可触民、少数民族の保護政策がとられるようになった。具体的には、大学などの高等教育の優先枠や、公務員などの職業枠の確保などだ。この「保護枠」を指定されるのが「指定カースト」と「指定部族」なのである。強固なインドの階級制度も、アンベードカルの登場以降、徐々に民主化されているわけだ。

メイテイ族やクキ族はじめ様々な民族で構成されるここマニプルは、典型的インド世界の秩序の端にある「少数民族」の土地である。それはつまりカーストの仕組みに縛られない世界であるということだ。通常、日本人の旅人が出会って対話するのは比較的カースト上位のインド人であることが多い（下位カーストの人々は社会の表側に出てこない）。つまり日本人にとってのインドは、上位カーストから見るインド社会のフィルターがかかる。筋骨隆々、グラマーなアーリア人俳優が歌い踊るボリウッドのエンタメ映画が典型だ。しかしアーリア―ドラヴィダのヒエラルキー外にあるここマニプルで、僕は上位カースト「ではない」者と率直な対話をすることになった。

アモさんの一族にはカーストの階級がなく、いちおうヒンドゥー教徒ということになっているのだが、実際はサナマヒ教というメイテイ独自の信仰を大事にしている。彼の親族の家には、ヒンドゥーの神棚の他に、庭にサナマヒの祠もあり、国教にローカルの習俗が多分に入り混じっている。パタンのボビンさん一族と同じく、メイテイも建前ではヒンドゥーに同化しつつ、本音では自分たちのルーツを守っている人々なのである。彼らにとってヒンドゥーの秩序は時に自分たちを抑圧するもの。カースト内の連帯感よりも東アジア的な民族の絆のほうが上位にくるのだ。

イスラム教徒やキリスト教徒の多いコルカタ、少数民族エリアのマニプルには僕たちの知らないインドがある。現地の人の家に行くと、玄関や客間に飾られた英雄の肖像が違う。上位カーストの家にはマハトマ・ガンジーの肖像画がかけてある。これが僕たちの知るインド。しかし下位カーストあるいはカースト外の家にいくと、ガンジーではなく眼力強めのおじさんの肖像画がかかっている。その人物こそがアンベードカル――カーストヒエラルキーの抑圧者にとっての英雄である。アンベードカルとガンジーの肖像画がともに飾ってある家はまずない。なぜなら、ガンジーとアンベードカルは同時代の仇敵同士だからなのだ。

民主主義の立場から一貫して下位カーストの人権を訴えたアンベードカルに対し、上位商人カースト出身のガンジーは死ぬまで下位カーストの地位向上を認めなかった。不可触民を「神の子」と呼んだ慈愛の人ガンジーのイメージは後世のフィクションである。アンベードカルの影響力に危機感を覚えたガンジーは、彼が進めていたカースト制度の改変に反対するハンガーストライキを行ったほどだ。

抑圧者にとってのガンジーは、どれだけ聖者に見えようとも征服者の立場を譲らなかった、許されざる「保守主義者」なのである。

話をマニプルに戻す。アーリア人もドラヴィダ人もほとんどいないマニプルは、少数民族の寄せ集まりである。そんな寄せ集まりのなかでの多数派、メイテイ族が「指定部族」となる気運が高まった。一見良いことのように見えるが、多数派メイテイのさらなる優遇に他の民族から反発が起きる。マニプル第二勢力のクキ族がメイテイの指定部族化に反対のキャンペーンを張る。

反対派の筆頭、クキ族は、もともとミャンマーに住んでいた人々。ミャンマーでは「チン族」と呼ばれる山岳民族である。マニプルのクキの大半は19世紀以降に移住してきたので、メイテイに比べると新参者だ。このクキの一部は、ミャンマーのアヘン栽培に関与している過激派の政治活動家と通じている。今回の暴動が起きる何年か前から、メイテイの指定部族化を望む急進派と、クキの過激派の対立があったのだ。

アンベードカルが良かれと思ってつくった保護政策が、結果的に少数民族たちの衝突を引き起こしてしまったことになる。

僕が出国する直前に起きた最初の衝突は、メイテイの指定部族化の反対集会で起こった。怒り狂ったメイテイの急進派が集会を襲撃し、そこからお互いが殺し合う暴動に発展。対立する民族が隣り合う盆地と森の境界エリアから数万人が難民として脱出し、毎日のように州のどこかで焼き討ちが発生。インパールの街を歩いていても、燃やされた集会所や車をそこここで見かけた。これはもはや民族衝突というより、実質的には内戦である。

「盆地にメイテイ、森にクキが住む。これは政府が決めたことなんだ。メイテイ対クキの構図の他に、分断をもたらした政府への不信感もある」

アモさんが苦々しそうに言う。大学で情報技術を学び、海外でＩＴの仕事をしていたこともあるアモさんは、比較的リベラルで穏健なメイテイだ。話を聞くに、批判はクキではなく分断を煽る州政府に向かっている。

話をじっと聞いていたロイさんも会話に参加する。

「マニプルは他のインドと違う少数民族主体の州なのに、州政府はＢＪＰ（インド人民党。Bharatiya Janata Partyの略）という、ヒンドゥー中心主義の極右政党が与党なの。これがさらに問題を大きくしている」

第Ⅱ部冒頭で書いた通り、インドの歴史はヒンドゥーによる異文化との抗争の歴史だ。その理屈で考えてみれば、ヒンドゥー秩序の外にある場所（例えばマニプル）ほど、ヒンドゥー中心主義の監視を置かねばならないのだ。

「長いあいだ民族対立が続いているマニプルは、恒常的に緊急事態にあるようなもの。州の軍隊も高圧的で、パトロール中の軍の言うことを聞かないヤツは許可なしで撃ち殺していいことになっているんだ。街中で軍人を見かけても絶対に楯突いたりするなよ」

そう注意するアモさんの視線は、近くにこの話を聞いている人がいないか周りを注意深く見回していた。

帰り道、アモさんの運転するタタ（インドの自動車メーカー）の四駆が、インパールの街に向かって丘陵地の未舗装の道を進んでいく。街路樹が木陰をつくる道沿いには「Relief Camp」と看板の立ったキャンプが立ち並んでいる。

「今回の暴動で避難した難民の収容キャンプだ」

地区間を隔てるゲートの前で車を止めていると、畑の向こうに見えるクキの教会が無惨に焼け落ちている。写真に収めようとすると、キャンプの前にいた男性が銃を持ってこちらに向かってくる。

「写真を撮るな。ここから立ち退け！」

銃を突きつけられ、冷や汗が流れる（でもスマホでこっそり写真を撮った）。

「ヒラク、あのゲートの向こう側はクキのエリアだから絶対に行くなよ。メイテイに間違われて殺されるぞ」

一見のどかなマニプルの農村。一歩境界を越えると突然民族紛争のさなかに巻き込まれてしまうのだ——。

NOナリ・NOメイテイ

インパールの路地裏に、新郎新婦の門出を祝う車が連なってやってくる。ひときわ目立つオープンカーには真っ白なウェディングドレスを風にはためかせた新婦の誇らしげな顔。その後ろには神妙な面持ちの夫婦の親族たちを乗せた車が数台続く。前後を囲む賑やかな楽団が去り、僕は工場のドアを開ける。するとツンと鼻を刺す香りが押し寄せてくる。インドで嗅いだことのない匂いだが、僕は知っているぞ、この感じ……。

「マニプルの発酵文化を知りたければ、まずナリを知る必要がある」

アモさんの強い主張により、午後、僕たちはインパール市内にあるナリ工場を訪れることにした。

ナリとはそもそも何か。これは「インドなれずし」とでも呼ぶしかない、摩訶不思議な発酵調味料なのである。

この不思議さをご理解いただくためには、まずはなれずしを説明しなければいけない。なれずしとは、日本では滋賀のフナのなれずしで知られる、魚を米と塩に合わせて漬け込んだ「酸っぱい魚の漬物」。元は日本独自の料理ではなく、タイやミャンマーなどの東南アジアで生まれた動物性タンパクの保存技術である。腐りやすい魚肉を、塩と乳酸発酵による酸で防腐し、長いあいだ食べられるようにしたものだ。琵琶湖のほとりにはなれずし屋さんが数多くあり、贈答用の珍味として高値で売買されている。基本的には酒の肴として、ちびちびつまみながら日本酒を飲む。まるで魚のチーズのようにかぐわしく、強い塩見と酸味のあるいかにも発酵珍味といった味わいだ。

ところが。ここマニプルのナリは、発酵した魚をおつまみでなく、調味料にしてしまうのだ。ウェルカム自炊パーティで食べた煮込み料理のエロンバもサラダのセンジュもこのナリで味付けしたもの。正体不明の発酵調味料、ナリ。どのようにつくられているのか見てみよう。

「お邪魔しまーす。誰かいませんか？」

半野外の工場を見回してみる。軒下の日陰には、大きな竹籠が重ねられている。籠のなかにはびっしりとイワシほどの大きさの丸い魚が敷き詰められて陰干しされていた。

「こっちに来なさい。いまナリを仕込んでいるから」

工場の奥から声がする。入り口から死角になっている暗がりに目を凝らすと、くたびれたタンクトップ姿の男性が立っている。水木しげるの漫画に出てきそうな、気弱で冴えない感じのおじさん……と思っていたら、首から下はびっくりするほどムキムキである。

おじさんの足元には、大きな壺が地中に埋まっている。

「何をしているんですか？」

「この壺にね、魚を詰めているんだよ」

「魚って、入り口にあるあの小さい干し魚ですか？」

「そう。それをね、壺のなかに隙間なく押し込んでいくんだ」

そう言うなりムキムキおじさん、魚のカタマリを壺のなかに入れ、大きな棒で壺の中を圧していく。全体重を棒に乗せ、くるくると回っていくその姿は何かの儀式のよう。盛り上がる上腕二頭筋に汗がキラキラと光り、セクシーですらある。

「壺に魚を詰めた後はどうするんですか？」

ちょうど壺の口まで魚を詰め終わったタイミングらしく、おじさんは壺の口にビニールを詰め、栓をした。この後さらにむしろを被せて数ヶ月発酵させるらしい。

「なるほど。嫌気発酵（空気を追い出して発酵菌のみを働かせること）を行うわけですね。ちなみに塩や米はいつのタイミングで入れるんですか？」

「そんなもの使わないよ。壺に入れるのは魚だけ」

「えっ、何も入れなかったら腐っちゃうでしょ？」

なれずしは通常、塩と米を入れる。塩は防腐のため、米は発酵のために必要な乳酸菌を呼び込むためだ。塩を入れないと腐り、米を入れないと微生物による発酵が起こらず、ただの塩漬けになる。

ところがナリでは、塩も米も入れない。原料は魚だけ。理屈を考えてみると、まず魚を乾燥させることで水分を抜き、腐りにくくする。そして徹底的に押し込んで空気を抜くことで、酸素で呼吸する雑菌を働かせなくし、酸素を必要としない発酵菌を優先的に働かせる。一応筋は通っている……が、同じことを日本で、例えばフナやアユでやったとしたら、確実に腐敗してしまうだろう。

「この魚はパバウといってね。ナリはこの魚じゃないとできないんだよ」

とおじさんは言う。なるほど、塩と米抜きで発酵食品として成立するのは、魚の特性が大きいのだ。おそらくパバウは乾燥すると他の魚より塩味が凝縮するし、腐敗を促進させるお腹の中の排泄物や微生物も少ないのだろう。

「昔はマニプルのロックタック湖で捕れるパバウでまかなってたんだけど、最近は生産量が増えてアッサムから取り寄せることも多いかな……」

とおじさんは言う。一見クセが強そうに見えるナリは、現代においてもニーズが高まっているらしい。

できあがったナリを食べてみる。酸っぱいうま味が際立つ、クセになる味だ。塩味は弱いが、この味はどう考えてもなれずしである。インド的な塩を使わないアチャールの文化と、東アジア的なうま味の文化が融合したハイブリッドな風味だ。触ってみると、酵素の作用によって、固い干し魚が柔らかく溶けている。煮物に使えば、味噌のように溶かすことができ、細かく刻めば、サラダの味付けにも使えるというわけだ。塩分も脂質もほとんどないので、このナリとスパイスで調味すれば、あっさりしてほんのりうま味もあるメイテイ特有の料理をつくることができるのだ。

ムキムキおじさんの工場の近所に住む、アモさんの親族のご夫婦のお宅のナリづくりも訪ねてみた。お母さんは最近まで栄養学の先生をしていて、定年した後は家でメイテイの料理をあれこれ手作りしているという。お母さんにメイテイの伝統食について聞いてみた。

「メイテイ料理には3つの欠かせない食材があります。まず魚のナリ。そしてタケノコのソイブーン。最後に豆のハワイジャー。魚とタケノコと豆。これさえあれば、あなたもメイテイの料理がつくれます」

それぞれ自家製の実物を見せてくれた。庭の壺に仕込まれたナリは、長期熟成の2年モノだ。さっき見たナリよりもさらにドロッと溶けていて、ほとんど魚の原形を留めていない。味はよりうま味が強く、よりフルーティな香りがする。これは……ほとんど味噌ではないか！

ソイブーンは、ナリと同じく塩を使わず地中に埋めて嫌気発酵させたタケノコである。より酸味が強いメンマのような味わいだ。丘陵地に近い集落の露店でよく見かけた。メイテイにとって竹は特別な植物で、何十種類もの竹を植え分けて発酵させる。家によって定番のタケノコが違うそうだ。

ハワイジャーは、納豆だ。ミャンマーの納豆のように乾燥させたものでなく、日本とまるっきり同じ味の糸引きの生納豆である。作りかたも一緒で、煮た大豆を保温して納豆菌を増殖させる。驚いたのは、藁苞《わらづと》に包んだり種菌を入れたりせず、ただ温めるだけで納豆になってしまうことだ。マニプルは日本よりも納豆菌濃度が濃いのだろう。

この3つのメイテイ定番食材。全て発酵食品であり、かつ塩を使わない無塩発酵である。

湿潤な気候では、塩を使ったほうが断然発酵を成功させやすいのに……と思ったのだが、自炊用に露店で買ったマニプルのローカル塩のことを思い出した。円盤のようにキレイに成型されていて、まるでお供え物のような雰囲気だったのだ。

「海から遠いマニプルでは、昔は塩は貴重品。儀式の時にお供えするものだったのよ」

と塩を売っていた女性は言っていた。手渡す時に、やすりでさらにきれいに磨き直して渡してくれたことからも、マニプルにおける塩の価値が窺い知れる。塩はハレの日用の貴重品なのだから、ケの日の食材にはなるべく使わない。そこから結果的にメイテイオリジナルの無塩発酵カルチャーが誕生してしまったのだ。ユニークな文化はしばしば制限や欠乏から生まれるものなのだね。

「3つの食材のうち、何より大事なのはナリだ。ナリさえ使えばなんでもメイテイの料理になる。NOナリ、NOメイテイ！」

アモさんが誇らしげに言う。極東インドで出会った無塩なれずしは、メイテイの民のアイデンティティそのものなのだ。

マニプル＝インドの滋賀説

マニプルの市場で目立つのは、魚である。コイやフナのような淡水魚を乾燥させたものが道端の露店に山のように積み上げてある。大きな市場に行くと、ライギョやドジョウ、ナマズのような魚が水桶のなかで元気に跳ねている。

「こんな大量の魚、どこで捕れるの？」

「家の裏庭の池とか、田んぼとか、そこらへんにある小さな沼でいっぱい捕れる。マニプルで一番安い食材は野菜や果物じゃなくて魚だぞ」

マニプルの住民のなかでもとりわけ魚好きなのがメイテイ族。農村を歩いていると、川や池で竹の大きな網で漁をしている地元住民の姿をそここで見かける。

「マニプルの漁業のシンボルになっているのが、州の南にあるロックタック湖だ」

アモさんの観光案内でも定番の、風光明媚な湖。この大きな湖のなかに、ナリと並ぶマニプルの魚の発酵食品、ヘンタッをつくる島があるという。


インパール中心地から車で40分ほどでロックタック湖に着く。横に5km、縦に10km超の湖はコンパクトなマニプル州にあってはちょっとした海のようなスケール感だ。湖面には小さな丸い浮島が無数に浮かんでいる。風が吹くと、浮島がくらげのように上下左右に漂っていく。

岸辺から渡船に乗って、湖の中心にあるカラン島へ向かう。水面を進むあいだ、風で流れてきた浮島がボートにからみついてくる。

「ヒラク君来てみて！　ここ歩けるよ」

アクティブなロイさんが、直径ほんの5ｍほどのマイクロ浮島に上陸して大はしゃぎしている。船頭さんに聞くところによると、この浮島は元からあったものではなく、地元の漁師が魚釣りの拠点にするためにつくったもののようだ。

僕もおそるおそる水草の塊にしか見えない浮島に渡ってみる。草が絡み合っただけのものだが足元はしっかりしていて、靴も濡れない。島に立って見渡してみると、湖面から生き物のように浮島がポコポコと生まれでてくるかのよう。

その光景は、『古事記』の有名な創世神話を思い起こさせる。男女の人神、イザナミとイザナギが海を棒でかき混ぜると、水がモニョモニョとかたまり無数の島が生まれた。混沌とした液体のなかから不定形な塊があらわれでてくる、文明の黎明期のイメージである。

「すごい！　この浮島、山菜が生えてるわよ」

ロイさんはワラビを発見してご機嫌だ。今夜は天ぷらをつくらねば……。


北東インド最大の湖、ロックタックに浮かぶ豆粒のようなカラン島には、赤錆びたトタン屋根の素朴な家がぎっしり立ち並んでいる。家々のあいだの空き地にはたくさんの子供たちと牛や馬たち。そののどかな風景に不釣り合いな軍人たちもなぜか多く駐屯していて、全長500ｍほどの島はたいへんな人口密度である。

集落の入り口の、鮮やかなブルーグリーンの家でヘンタッヅくりが行われていた。基本はナリと一緒で、まず屋根のある前庭で小魚を陰干しにする。ナリの工場で見た魚（パバウ）もいるが、他の小魚も混じっているようだ。この乾燥させた魚を挽いてにぼし粉のようにする。このにぼし粉に島に生えている水分たっぷりの分厚いローカルサトイモの葉と茎を刻んだものを混ぜ、茶褐色の粘土のようなペーストに練り上げる。それを日光を遮断する黒いビニール袋のなかに密閉して数週間発酵させる。塩を使わない嫌気発酵という意味ではナリに似ているが、葉っぱと混ぜてペースト状にするところが変わっている。これは何と形容すればいいのだろうか。にぼし粉でつくる味噌？

舐めてみると、ナリより断然クセがある味だ。刻んだサトイモの葉由来の苦味と燻《いぶ》されたような香りがあいまって、そのままだと美味しくない。スパイスや香草類をたっぷり使ったサラダ（センジュ）に使うとクセが調和して悪くない。

「ヘンタッはナリと違って基本は家で手作りする日常の調味料。商品として出回るようになったのは最近ですね」

とヘンタッ名人のお母さんが言う。質のいい魚だけを選別しなければならず、発酵に時間のかかるナリよりも原料も製法も簡単なヘンタッは、庶民の調味料のスタンダードだった。「だった」と書いたのは、近年マニプルでも資本経済が入り、ナリが商品として手軽に買えるようになったからだ。劣勢になったヘンタッは、最近は健康食品として新たな販売チャネルを開拓しようとしているらしい。
ナリとヘンタッの発酵魚レース、勝負の行方やいかに。

カラン島を散歩していたら、琵琶湖のなかに浮かぶ有人島、沖島《おきしま》のことを思い出した。豆粒のような島に昔ながらの家がぎっしりと立ち並び、近代化の前に都市計画が完成したので車道もない。小さな島なのになぜか小学校があって、やたら子供たちが走り回っている。漁師たちは湖で捕れるフナを使って手作りのなれずしをつくっている。

考えてみれば、マニプル自体が滋賀県のようだ。まず海のない内陸の土地であること。大きな湖の周りには水に恵まれた平野、平野の周りは緑の生い茂った小高い丘に囲まれている。発酵させた淡水魚を食べ、発酵させた米の酒を飲む。しかも東西を結ぶ大きな街道のハブである。滋賀は東を東海圏の岐阜、西を関西圏の京都という全く違う文化に挟まれている。マニプルは東をミャンマー、西をバングラデシュというこれまた全く違う文化に挟まれている。

インドの滋賀、それがマニプルなのだ。

サナマヒ・ヒンドゥーのアジア一周料理

メイテイコミュニティーは信心深い。インパールのメイテイの家に行くと、居間や玄関にはヒンドゥーの祭壇、キッチンや庭には必ず彼ら独自の「サナマヒ」教の祭壇や祠があり、毎日のようにお祈りする。アモさんと歩いていると、ふとした時に「ハレ・クリシュナ」と口癖のように唱え、車を走らせている時にサナマヒのシンボルである金の龍を見つけると目線を走らせてお祈りをする。

サナマヒ教は、今から2000年ほど前にあらわれたとされる、祖先崇拝のローカル信仰である。レイタック・レイカロルという創世神話を母体として、天上神から生まれた太陽神サナマヒを英雄として崇めている。サナマヒ以外にもたくさんの神々や天女が登場する多神教で、とりわけアポクパと呼ばれる神々は、現代に生きるメイテイの家系につながる祖先としての神だ。

インド・アーリア語派とは違う、チベット・ビルマ語派のマニプリ文字で書かれた複数のサナマヒ神話があり、食に関わるエピソード(地域柄とりわけ魚が多い)が多い。神事の中心も祖先や天上神たちにごちそうを捧げるセレモニーである。それが理由なのか、サナマヒ教のお祈りの場が置かれるのは台所である。一軒家のメイテイの家には、庭に祠があることが多い。金の龍をかたどった高さ1mほどの神棚のような祠は扉で閉ざされている。

「この中には神像が祀られているの?」とアモさんに尋ねると、中には何もないという。

サナマヒ教は荒唐無稽なまでにスケールの大きなヒンドゥーよりも、日本の神道の世界観に親しい要素が多い。その2000年の歴史は、口頭伝承が編集された「部族の争いを収めた最初の王」の物語だ。これは稗田阿礼《ひえだのあれ》の口頭ベースで天皇の系譜を記した『古事記』のようではないか。八百万の神々が登場し、その神々は同時に現代を生きる人々の家系につながっている。そして現世の人々と祖先をつなぐのは「食」である。八百万の神々を生み出した天上神は偶像を持たない中空の存在であり、水と栄光をあらわす龍がシンボルとなる。

同じく祖先崇拝の民で食に命をかける日本人の、シンパシーを感じる要素がそここにあるのである。

「ヒラク、興味があれば祭儀に行ってみるか?」

週末の朝、アモさんが知り合いの祭儀の場に僕とロイさんを連れて行ってくれることになった。20世紀はじめになるまで衰退していたサナマヒ教にはコミュニティが集まれるような寺院があまりない。祭儀は基本的にヒンドゥー寺院でヒンドゥーの作法でやる。しかしネパールや他のインドの土地でみたようなものとはかなり違う。

午前10時過ぎ頃、メイテイの家族たちが裸足に白い服で真っ白なお堂に集まってくる。ここまではヒンドゥー式である。しばらくすると、上半身裸でパンのようにふっくらしたかたちのターバンを巻いた男たちがドラやシンバル、ラッパを持ってお堂に行進してくる。シャーン! とシンバルを鳴らし、祈りの歌を歌い始める。これが(いわゆる)インド式の旋律ではない、聴いたことのない独特の調子なのだ。密教のお経のような、それでいて親しみやすい歌謡曲のような……。

一度歌が止むと、年長の司祭が参加者に祝福を唱え、お布施を受け取るとまた別の歌を歌い始める。それを何度か繰り返したあとに、楽団と家族たちが一緒に神の祀られたお堂を何度もグルグルと回って解散である。辛気臭さが全くない、ちょっとしたお祭りのような時間である。

「これってよくあるヒンドゥーの儀式なの?」とロイさんに聞いてみると「さあ……」と怪訝な顔だ。

「マニプルのヒンドゥー教は、300年前にミャンマーから来たヴィシュヌ派という、いわゆるインド的なものとは違う信仰がもとになっているんだ。これが元々あったサナマヒ教の影響も受けてこんな感じになっているらしい」

とアモさん。考えてみれば、ヒンドゥーはどんな信仰も取り込む雑食の宗教だ。仏教やイスラム教のようにメイテイのサナマヒ教がちょっとぐらい混じっても全然へっちゃらなのだろう。インド世界を旅していると、ヒンドゥー国家の建前に隠れた、土着の信仰のダブルスタンダードに出会う。それはインド亜大陸の秩序を守りつつ裾野を拡げたいバラモンはじめ上位カーストの思惑と、なんとか自分たちのルーツを守りたい少数民族の思惑が合致した妥協点。そこにカースト秩序からはみでるアナーキーさが姿をあらわすのだ。

祭儀の後は、家族での食事である。メイテイのコミュニティは、パタンの釈迦族と同じく拡大家族だ。親戚の親戚の養子のそのまた親戚の……とみんなを集めてみると、すぐに100人近い大人数になってしまう。その100人の大家族で、同じ料理を食べる。その端っこに僕たちも混ぜてもらえることになった。

お堂の床に、米が盛られた金属の大きな皿を一人一枚置き、皿の横に水が置かれる。大きな器を持った給仕が柄杓《ひしゃく》で料理をすくって皿に盛っていく。いや、「盛る」というほど丁寧なものじゃない。打ち水のように器のなかのものを皿に無造作にかけていくのである。5種類ほどの汁気の多い料理をかけおわった後には、色とりどりのペンキをぶちまけられたぶっかけ飯のような、写真映えはしないが猛烈に食欲をそそるワンプレート定食の出来上がりだ。全員が皿の前にあぐらをかいて座り、短いお祈りがあった後にいっせいに食べ始める。右手で米とドロドロの料理、あるいはサラダを混ぜて指先に押し出し、口に運んでいく。山盛りのご飯にこれだけのおかず、食べ切れるだろうかと心配だったが、メイテイ式の油少なめのあっさりスパイス精進料理。スイスイ胃の中に消えていくのである。

しかし、皿の上が半分ほどになる頃にまたもや給仕係があらわれ、次々と違う料理を米にかけてくる。さらに別途お米係が「おかわりいるか？」とお堂を巡回してくる。この祭儀の時に振る舞われた料理を列挙してみると、

〈一膳目〉
ローカルライス（ジャポニカ米とインディカ米の中間）
発酵タケノコ（ソイブーン）のエロンバ
カボチャの煮付け
豆の煮付け
ほうれん草カレー

〈追加〉
チャハウ（マニプルのローカル赤米）
センジュ（香菜の発酵サラダ）

ほうれん草の炒めもの
納豆（ハワイジャー）ダルカレー
シシトウの炒めもの
マニプル風がんもどき

〈デザート〉
ココナッツの甘粥
タマリンドペースト（ジュース）

これは皿の上でひしめき合うアジアの混沌を旅する、美味なる巡礼である。

米があり、豆があり、野菜がある。

香辛料があり、薬草があり、発酵がある。

スパイスの刺激があり、ハーブの香り高さがあり、微生物の醸し出すうま味がある。

肉や乳や卵が使えないのに、この豊穣さ。一つのメニューを食べるたび、これまで訪れた土地の味覚の記憶が蘇ってくる。そのカラフルさに目が、鼻が、舌が眩《くら》む。ここマニプルは、アジア中の美味が一皿にぶちまけられた、発酵街道の半円の心臓部なのだ。

再びお祈りの声がお堂に響き、食事の時間は終了だ。はちきれそうなお腹をさすりながら、皿の上に水をこぼして指を拭き、ナプキンで水を拭い取って皿をキレイにする。テーブルも椅子もカトラリーも流しもいらない、実に合理的な食卓である。

寺の中庭の菩提樹の木陰で涼みながら、うとうとまどろむ。ベンチに座って子供をあやすお母さんが、あの不思議なメロディーを口ずさむ。アジアを旅する昼餐の時間は、お堂の白と龍の金、そして空の抜けるような青さのなかに溶けていった。

大陸と島国の麹カルチャーの邂逅

戒厳令下のマニプルでの日々のルーティンは、日中に露店やローカル市場で食材を買い出しして、夜にゲストハウスのキッチンでみんなで集まっての自炊。レストランに行けないのはちょっと寂しいが、マニプルのローカル料理を身をもって学べるのはありがたい。もう一つ、外食で禁止されている飲酒ができるのも望外の楽しみだ。アモさん秘蔵のマニプル焼酎を毎晩のように楽しむのも、戒厳令下のストレスを和らげてくれた。

ヒンドゥーカーストの教えよりも断然メイテイの伝統を重んじるアモさんはもちろん、上位カースト出身のアーリア人、ロイさんも発酵にハマりすぎてヒンドゥーの戒律より発酵愛優先のドリンカーである。マニプル焼酎の基本は、中国と同様に常温でストレートか水割り。

しかし、3日目あたりから僕が露店で発見した炭酸水でつくるソーダ割りが大流行することになった。初日にマンゴーで仕込んだ自家製酵母がいい感じに仕上がり、さっぱりしたマニプル焼酎に合わせると洒落たマンゴーフィズになることがわかったのだ。

「焼酎って炭酸で割ると美味しい！」

飲酒自体が珍しいインドでは「薄くて冷たい酒を何杯もおかわりしながら飲む」という文化がないのだ。爽やかで飲みやすい日本の居酒屋スタイルの焼酎カクテルは以降の僕たちの定番となった。本書に出てくるインドの政治談義は、夜遅くまでテラスでマンゴーフィズを飲みながら3人で喋り倒した話が元になっている。

「ヒラク。明日はいよいよ麹づくりの現場を見に行くぞ」

いよいよアジア発酵紀行の最終目的地、麹職人の村へ。目指すはインパールから車で30分強、森の中にあるアンドロという集落だ。

「アンドロは特別な場所だ。メイテイの多くは盆地の平野部に住んでいるけど、ここに住むのは森のメイテイなんだ。理由は現地で説明する」

街を抜け、農村を抜け、人工物がほとんど見当たらない森の中の村に入る。雲南で見たリス族の山村なみのスーパー田舎である。

コケコッコーとニワトリが鳴く茅葺きの家の横に、昔ながらの醸造所がある。屋根のついたガレージのような場所には、手作りの蒸留器。釜のなかでは湯が薪火で沸騰している。

「日本から発酵のことを調べにきたの？　わざわざここまで」

出迎えてくれたお母さんは戸惑い顔で、息子を呼ぶ。作業場から出てきた息子はクラスに一人はいそうなひょうきん顔。あまりにも日本人っぽすぎて「やあ元気？」と思わず声をかけてしまいそうになったほどである。ちなみに彼は英語がしゃべれたので、ここからはアモさんのマニプリ語↕英語の通訳なしでの会話だ。

「うちでは代々メイテイの伝統的なお酒をつくっています」

「発酵のスターターになるものはなんですか？」

「お米にカビをつけたもので、ハメイといいます」

やはりここアンドロでは糀をつくっていたのだ！　ネパールでは現物は見ることができたが、つくる現場には立ち会えなかった。ついにここで大陸の「糀」の秘密が明らかになるのだ。ここインド最果ての村が、旅のクライマックスである。

さっそく蔵からハメイを持ってきてもらうと、焼く前のピザ生地のような、大きな白い円盤状の物体である。ネパールで見た麹は小さなボール状の物体だったので、このピザ状麹は初見だ。どうやってつくるのか聞いてみた。

「まず米を挽いて米粉にします。次にヤンリーという甘い樹の皮を細かく刻みます」

ここでも、リス族の麹のように薬草（正確には草じゃなく樹の皮だが）をブレンドするようだ。米粉と木皮の合わせ技、実にユニークではないか。彼が実演しているのを見ていたら、隣のロイさんと目が合った。

「ヒラク君、見てるだけじゃなくてつくりたくない？」

発酵好きのＤＩＹ欲が抑えきれず、僕たちもインド糀をつくらせてもらうことにした。

爽やかな香りの樹の皮をハサミで１㎝角にチョキチョキと刻んでいく。サラサラの米粉の入った容器に樹の皮を混ぜ、汲んできた池の水をかける。手で粉と水をよく混ぜ、手のひらで力を入れて捏ねていく。パン生地を捏ねるのと全く同じ塩梅だ。これなら僕も慣れている。生地が凹凸なく滑らかになるまで捏ね上げ、ボール状にまとめてから、今度は両手のひら全体をすり合わせて生地を平らにならしていく。

手際よくインド糀を成型していく謎の日本人を見守るアンドロの糀一家、

「こいつ、発酵を知っている！」

と警戒感がほぐれて笑顔になっていく。

生地が平たいピザ状に仕上がったら、すでにつくってあった糀の粉をパラパラと振りかける。これが種菌だ。ピザ生地がいくつかできあがったら、まとめて使い古したむしろに巻く。きっとむしろにもカビが棲み着いているのだろう。むしろを暖かい蔵に入れて3〜5日置いておいたら、インド糀のできあがりである。


日本とメイテイ、糀のつくり方を比較してみよう。

日本式では、蒸し上げた米をバラバラの粒のままで種菌をふりかけ、他の菌から隔絶された密室のなかでカビを育てていく。メイテイ式のハメイと比べてみると、日本式のほうが難しい。米の蒸し加減や生育環境を細かく調整しないと菌がうまく育たず、48時間のあいだ絶えず温度と湿度をコントロールしなければならない。

対してメイテイ式は、米を挽いた粉を捏ねて蔵に置いておくと勝手に糀になるのでシンプルである。この違いはどこから来るのかというと、菌の種類である。インドの菌は、他の菌を寄せ付けない強い酸（クエン酸）を出して勝手に育つクモノスカビというタフなカビが主体だ。対して日本の菌は、酸が出せないので他の菌から隔離した状態で、細かく温度湿度を調節し続けないと育たない繊細なコウジカビである。両者は同じ用途に使われるが、性質の異なる微生物である。

同じ米の麴でも、菌の種類が異なると、製法や形状が変わってしまう。

おそらく古代の日本に伝わってきたのも、メイテイの麴に似たお餅状の麴だったのだろう。形的にも鏡のようでありがたい感じだ。伊勢神宮には内宮の本殿のすぐ横に麴をお供えする神社がある。そこで古代にお供えしていたのは、メイテイ型のピカピカ餅麴だったのでは……？　と想像してしまう。もしかしたら初期の糀は、自前でつくっていたのではなく、漢方薬のように輸入していた可能性すらある（乾燥していて軽いからね）。

しかし、大陸インドと島国日本では人間と同様、カビも微妙に性質が違っていた。タフな大陸カビと繊細な島国カビで同じようには糀はつくれなかったのだ。古代から中世へと時代が下っていくうちに、自前で安定して糀をつくるためには大陸のそれとは違う方法を編み出す必要が出てきた。

大陸のカビと日本のカビを比較してみると顕著な違いがある。それは根の張りかただ。カビは植物で例えてみると、地下に潜る根っこの部分（菌糸という）と地上に伸びる草の部分（胞子という）に分かれる。日本のカビは根っこ（菌糸）が浅く、草（胞子）が長い。大陸のカビは根っこが深く、草が短い。つまり逆である。この違いに着目すると、メイテイの糀と日本の糀の違いが理解できる。

根っこの深さを活かすならば餅状のほうが根を長く伸ばせて有利だ。草の部分もほとんど伸びないので、表面がツルツルのオブジェのようになる。これがメイテイ式。

対して、根っこが浅ければ、米を独立した小さな粒状にする日本式が合理的なのである。根っこに深さがいらないので粒で問題ない。同時に草の長さを活かすには表面積の最大化が必要だ。深さがなく、360度の表面積が確保できる粒が日本のカビにはベストだったのだ。

こうして2つの文明の糀は分岐した。

そして今、生き別れになったアジア糀の末裔は、茶馬古道を越えて再会を果たしたのである。

麹フレンドシップ

麹を大量生産する時に欠かせないものがある。それはスターターとなる種菌である。日本では中世の室町時代には、灰を使ってカビの種を純粋培養する「種麹」という方法論が編み出された。対してメイテイでは、ケフィアヨーグルトのように、古い麹から新しい麹を継いでいく「友麹《ともこうじ》」という方法論だ。

「スターターに使う友麹はどういう基準で選ぶんですか？」

「菌がしっかり生えて質のいいものですね。最近つくったものを使うことが多いですが、集落にはずっと昔のハメイも保管してあるんです」

「ずっと昔ってどれくらい昔？」

「ええと……おじいちゃんのそのまたおじいちゃんの代のもあるって聞いたことあるな……たぶん、何百年か前じゃないですか？　記録がないからわからないなあ」

お母さんもお父さんもそうだそうだとうなずいている。

驚いた。彼の言う通りであるならば、アンドロ集落では、百年単位で全く変わらぬ製法で糀をつくり続けていることになるのだ。数十年ぬか漬けを継いでいる料亭や、タレを継いでいる鰻屋もビックリの壮大な時間軸である。

「あなたの国にも、私たちのハメイと同じものがあるんですか？」

「はい。米粉じゃなくて粒のままカビを生やすんですけど、たぶん大昔はここと同じようなつくり方をしていたんじゃないかなぁ……」

一緒に手を動かしてみると、なんとなく心も近くなる。言葉でなく菌でわかり合う、これぞ麹フレンドシップ！

メイテイ糀、ハメイは何に使うのだろうか。雲南では麹の用途は焼酎に限られていたが、マニプルではもう少し多用途に使う。集落のお祭りなどでよく飲まれるのが、ネパールで飲んだトゥンバのような、もろみにお湯を注いでストローでチュウチュウ吸う「チャックナム」という酒である。ネパールでは雑穀を醸していたが、マニプルでは、蒸した赤米にハメイの粉を振りかけて醸す。飲んでみると、日本酒のぬる燗に限りなく近い、ネパールのトゥンバより穏やかな味わいだ。

特筆すべきは米由来の「まろやかな甘味」。口に含むと洋梨のようなたおやかな香りが広がり、余韻もほどよく長く、品が良い。ナリで味付けしたメイテイの料理によく合う、食中酒としての完成度がある。

「これは美味しい！　いくらでも飲めそう」と叫ぶと、隣のロイさんもうなずく。

白米で醸して上澄みをすくう日本式どぶろく「アッティンバ」もたまに飲むことがあるそうだ。一杯ごちそうしてもらったが、クエン酸由来の強い酸味と苦味があって飲みやすいとはいえない。見た目でいえばアッティンバのほうが日本的だが、味は穀物状のチャックナムのほうが日本酒に近くて断然飲みやすい。

脱穀した米の籾《もみ》にハメイの粉をかけて発酵させ、お湯を注いで飲む「ワユゥ」という微発酵ドリンクもふるまってもらった。これが日本の甘酒そっくりの味なのだ。お米感のある甘さ、クリーミーさ、喉にじんわり染み込んでいくようなうま味。スパイスで疲れた身体を癒やしていく米の発酵の滋味深さよ……。

ワユゥは、籾が主原料なのでアルコールが出るほど強く発酵せず、程よく甘い健康ドリンク風に仕上がる。

ついに見つけた。ここアンドロは、糀から甘酒をつくるインド最果ての糀村なのである。

家の中庭で涼みながら、ハメイを使った発酵文化の話を糀一家から聞いた。

「どぶろくのチャックナムや甘酒のワユゥはつくったそばから劣化していくので商品化はできないんですね。蒸留して劣化しない焼酎は売り物になるんですが、マニプル州は最近禁酒地域に指定されてしまったので、そもそもお客さんがいないんですよね……」

アモさんが「ヒドいだろ?」と無言で語っている。

そうか。アモさんが家に大量に焼酎を買い込

んでいたのは、彼らの支援でもあったのか。義理堅い男であることよ。

「集落のなかにはこれといったレストランもないので、村のお祭りの時に飲むハレの日のお酒です」

「お祭りの時にはどんな風に飲むんですか？」

「だいたいこんな風に屋外で飲むんです。大事なお祭りの時には、最初の一杯はまず地面にこぼします。ご先祖さまへのお供えなんですね」

これも日本の酒の文化と一緒である。古代からの文化を継承する神社では、神様にお供えした酒のお下がりをいただく直会《なおらい》という儀式の時、最初の一献は外廊下などから境内の地面に酒をこぼすのである。これは先祖崇拝の古い型とされているが、メイテイと日本人は酒を通して同じ世界観を共有していることになる。

「ちなみに甘酒（ワユゥ）はいつ誰が飲むんですか？」

「お正月に子供が飲むのが定番です」

日本と似すぎて怖いぐらいだ。

一緒に麹をつくってお酒を飲んだら、なんとなく遠い親戚の家に遊びに来たような心持ちになってしまった。コルカタでは絶対にお目にかからない、シャイでひたすら優しい森のメイテイたち。その歴史を紐解いてみると、激しい独立心を隠していたのだ。

森のメイテイの秘密

「なぜアンドロではお酒をつくることが許されてるの？」

糀村を訪ねた夜、買い込んだ焼酎を飲みながらアモさんに聞いてみた。

「その話は３００年以上前に遡る話だぞ。俺たちメイテイ族は、中世に中国の雲南省からマニプル渓谷にやってきたと言われている。その時はもちろんヒンドゥー教徒じゃなく、独自の信仰を持っていたんだ」

「インドっぽくない外見だと思っていたら、ルーツが雲南なんだ」

「１０００年くらい前にはマニプルで王国をつくって暮らしていたんだけど、３００年ほど前にヒンドゥーの王朝の侵攻があった。その時にヒンドゥーへの改宗を迫られたんだ」

「それでメイテイはヒンドゥー教徒になったんだ」

「でも全員じゃないんだ。そのなかのある人たちは、ヒンドゥーへの改宗を拒んだ」

「それでどうなったの？」

「ヒンドゥーを拒んだメイテイは、盆地から山の中に追いやられたんだ」

「もしかして、それが森のメイテイ？」

「そう。現代のインド政府が平野をメイテイに、森をクキに振り分ける前に、彼らはすでに森の中にいたんだ」

僕が出会ったアンドロの粃一家は、数百年前にヒンドゥー改宗を拒んだ森のメイテイの末裔なのである。あんなに穏やかな彼らは、なぜ王朝の強い要請を断ったのだろうか？

それは彼らが醸造を生業としていたからだ。麹をつくり、酒を醸し、先祖に祈りを捧げる。その伝統を守るために、彼らは森へと去ったのである。

この理屈を理解するためには、インドの職業意識を知る必要がある。インドの職能は数千以上に区分されている（これをジャーティという）。この職能は、階級と同じく「清浄」と「穢れ」の度合いによって区分けされる。宗教に携わる職能は尊く、汚物や死体に関わる職能は卑しい。その中で、麹をつくり酒を醸す醸造業は「卑しい職能」に区分される。飲酒を禁忌とする上位カーストの戒律に反するからだ。300年以上前、メイテイたちに改宗を迫ったヒンドゥーの侵略者たちは、醸造業を卑しい仕事として弾圧した。

メイテイのコミュニティのなかには、先祖を祀ったり一族の楽しみのために欠かせない醸造の伝統を捨てられない者たちがいた。メイテイと日本の酒の文化のルーツが共通であるならば、酒を醸すのは先祖供養に関わる「尊い仕事」であることは想像できる。しかしヒンドゥーの秩序に組み込まれてしまえばその誇りあるアイデンティティは奪われてしまうことになる。だからアンドロの粃一家の祖先たちは悩んだ末に「ヒンドゥー秩序の外に出る」ことを選んだのだ。そして森のメイテイとなり、数百年間変わらない麹と酒の製法を守り続けているのである。

このような集落を、マニプルでは〝LOI《ロイ》〟という特別な区分として扱っている。LOIとは「王国から追放された人々」という意味だ。

そもそも少数民族でカースト制度が当てはまらないメイテイの中で、LOIの人々だけは「不可触民」として不当な扱いをされ、平野部の都市から放逐されたのである。

それは、ヒンドゥーの戒律よりも自分たちの伝統を優先した罰であったのだ。

「まあ、俺が禁止されている酒を飲むのにもメイテイとして生きる意味があるわけだな」

最初は「発酵ってなに？」とピンときていなかったアモさんも、改めてメイテイのルーツを見直す機会になったようでちょっと嬉しい。

「発酵が伝統につながっている話といえば、タケノコもそうだぞ」

「どういうこと？」

ヒンドゥーとの同化を拒み、盆地から森に追われたメイテイたちは、丘や山のてっぺんに無数の竹を植えた。それは街に留まった同胞たちへのメッセージなのだ。

「オレたちはここにいるぞ」という——。

どの竹が生えているかで、誰がいるかわかる。丘の上の竹林を見るたび、メイテイたちは数百年前の別れの記憶を思い出す。そして森でも街でも発酵させたタケノコを日々口にする。その連帯の気持ちは、カーストの分断よりも強いものだ。

僕たちはしばし黙って見つめ合うと、グラスを掲げて違法乾杯をした。

三丁目の夕日はインパールに沈む

糀村への訪問が終わり、旅の目的を果たした後、僕は特に目的なくインパールの街を散歩することにした。戒厳令も3週目に入り、街の雰囲気も平穏になってきたようだ。

中心部を歩いてみると、発展目覚ましいインドの都市部にあって、インパールには見たところ経済発展の波はとんと来ていないようだ。まず市内の一等地に、軍の駐屯地や州政府の庁舎や病院など、公的な建築ばかりが立ち並んでいる。富を生み出しそうなショッピングモールやリゾートホテル、高層マンションなどは皆無である。

お店の多くは小さな個人商店で、戒厳令下でみんなシャッターが下りていても、市場と露店と屋台でたいがいの買い物や飲食を済ませてしまう。

露店や屋台もいちいちカテゴリーが細分化されている。例えば肉屋。鶏肉屋と豚肉屋と羊肉屋が律儀に分かれている。宗教上の戒律もあるのだろうが、肉屋は肉屋でひとまとめにしてもいいのではないか、経営大丈夫なのかと心配になる。道端の市場も、干し魚だけ、野菜だけ、果物だけ、塩だけ、寺院に備える花だけ、とカテゴリーの分化が著しい。

この感じ、僕が小学生の頃の実家の小さな町を思い起こさせる。多摩の外れにあった東京の田舎町の商店街を歩くと、果物屋、八百屋、種苗屋、焼き鳥屋の露店、教科書だけを売る本屋、肉屋……と小さな専門店がたくさん並んでいた。家の前の道路で遊んでいると、ラッパを鳴らした豆腐屋のバイクや、甘い香りを漂わせた焼き芋屋の軽トラックが行商しにきたものだ。

インパールの街角には、そんなかつての古き良き昭和感が漂っている。夕方陽の暮れる頃に街を歩くと、『三丁目の夕日』の世界のようなのどかさである。

マクドナルドもスターバックスもカルフールもないこの街は、牧歌的なローカル経済で回っている。それはなぜか。民族紛争や宗教対立によって、経済よりも軍事が優先されているからだ。社会が不安定すぎて、大きな投資が必要な商業施設が入り込む余地がないのだ。

街路を歩きながら、果たしてこの不安定さは悪いことだけなのだろうかと僕は考え込んでしまった。

仮に政治的な争いが終わって社会が安定したとしたら、次は過酷なグローバル経済の争いが始まるだろう。そうしたらこの三丁目の夕日的な牧歌的な風景は、僕が子供時代を過ごした商店街のように消え去って、巨大なショッピングセンターとチェーン店に置き換わっていくだろう。

民族の戦争が、経済の戦争を牽制している。石油や鉱物などの天然資源に恵まれていないマニプルは、意図的に停滞の檻に閉じ込められている。この檻にいる限り、残酷なまでに急激な進歩の渦には巻き込まれることはないかもしれない。

争いのなかだからこそおとずれる平穏。抑圧下でこそ生き延びる伝統。シヴァとヴィシュヌのプロレスによって生まれる光と影の奥行き。インドの秩序はどちらか一方の極に落ち着くのではなく、創造と破壊の両極を超高速で行き来することで、どちらの極にも同時に存在しているように見える、ダイナミックな構造だ。それはインド世界のアナーキーさの根源には、そもそも秩序のなかに光と影の両極が内在しているからなのだ。高速で動く秩序の振り子をシャッターで切り取ると、そこにはバランスが崩れたグロテスクさがあらわれる。

マニプル滞在最後の週末。夜間外出禁止令が出ているはずなのに道端にはたくさんの屋台がひしめきあって、夜祭のように浮き立った雰囲気だ。真っ暗な街路に、屋台の明かりが蛍のように灯り、揚げ菓子や果物を手にした子供たちが親に手を引かれて楽しげに歩いている。長引く戒厳令にうんざりして、庶民はすでに自分たちの生活のペースをたくましく取り戻そうとしている。

きっと事態は良くなる。日常は戻ってくる。そんな期待は無惨に破られた。

夜半、僕たちが昼間に買い物をしていた市場が焼き討ちされた。何人かのメイテイとクキが軍に射殺され、安全だとされていたインパールの市街地までもが戦火に巻き込まれた。怒り狂った市民たちが、政府に抗議活動を起こし、抗議された政府が市民たちを制圧する、無政府状態に戻ってしまった。

こうして再び灯ったマニプルの光は、昏い穴のなかに吸い込まれていった。

チームマニプル、解散！

明日か明後日にはつながるだろうと噂はあれど、インターネットはいっこうに再開の目処が立たない。僕もマニプルに入ったきり、ずっと日本と音信不通である。さすがにみんな心配しているのではないかと不安が募るが、ネットがつながらないので帰りの航空券も手に入らない。このままマニプルから出られないのでは……と途方にくれたタイミングで、コルカタから助け舟が出た。ロイさんの旦那さんがチケットを手配してくれて、佐々木監督がSNSで「ヒラク君は無事です」と投稿してくれたのだ。

至急、僕とロイさんは状況が急速に悪化するマニプルを発つことになった。インパール空港に発つ前に、ゲストハウスの中庭でアモさんとロイさんと僕の三人で記念写真を撮った（二一三頁写真参照）。

思えば変わった三人組だ。上位カーストだけど自由奔放なロイさん、カーストよりもコミュニティのルールで生きるアモさん、そもそもカースト何それ？　な外国人の僕。一般的なインド社会だったらこんな親密な関わりは持てなかったかもしれない。朝から晩まで、インド社会のタブーも臆せず語り明かし、夜はそれぞれの得意料理を持ち寄って酒を飲み、ご機嫌で歌って踊ったチームマニプルもこれにて解散である。

「気をつけて帰れよ」

「今回の旅、最高だったね。これ観光客向けに売れるんじゃない？」

「いいじゃない。マニプル発酵ツーリズム。私コルカタからお客さん連れてくるから」

普段はマシンガンのようにしゃべり倒すアモさんが、寂しそうに笑って空港までの道を運転する。車道には、来た時よりも明らかに軍のジープが増えている。昼間なのに通行人の姿もまばらだ。

無事セキュリティチェックを抜け、ゲートの前で出発を待つ。

きっと今日にも営業を再開する予定だったのだろう。ゲート横のカフェに飾られたピカピカ輝く風船のオブジェを、空港の職員が取り外している。出国を待つ人たちの顔は一様に緊張している。見たところ外国人は僕だけ。きっと暴動に巻き込まれるのを恐れて避難するクキやメイテイの人たちが多いのだ。

「またマニプルに戻ってこれるのだろうか？　アモさんやアンドロの糀一家に再会することはできるのだろうか」

そんな不安を抱えて、ゲートをくぐる。

機内で離陸を待ちながら、僕はロックタック湖で見た光景を思い出していた。車で湖沿いの道を走っていた時のこと。突然、空が割れてスコールが降ってきた。矢のような雨が、晴天を切り裂きながら道沿いの子供たちを追いかけていく。わっと声を上げながら逃げる子供たちに、車窓からアモさんが叫ぶ。

「あの空の向こうへ、雲の彼方まで駆けていけ！」

あとがき

アジアのアナーキー発酵を探しに行ったら、まさか文字通りの無政府（アナーキー）地帯に辿り着いてしまうとは思いもよらなかった。

政府の秩序も、カーストの秩序も届かないインド最果ての村で、僕はかつて生き別れたかもしれない「糀」の一族と出会い、糀を介して共感の縁を結んだ。そこで改めて感じたのは、共通の食文化があるところには、共通の精神性があるということだ。日本とメイテイに共通の酒や甘酒の文化は、同じく日本とメイテイに共通の先祖崇拝の信仰と結びついていた。身近な食にこそ、文化の起源が宿っているのである。

それではここから旅の前後で気づいたことを記していこう。

まず、アジアの発酵文化は海や平野から隔てられた山間地でその多様性を花開かせる、ということだ。雲南省北部では、険しい山々に阻まれて、各少数民族が隔離された状態で集落をつくっていた。焼酎づくりを訪ねたリス族の同楽村のように、山のすぐ向こう側に見える村に行くのに1000m以上の山道を下って、また1000m以上登って丸一日以上かかってしまう。そうなると、山の中でとれる限られた食材を徹底的に加工・保存しなければいけない。ここで漬物やチーズなどの保存食の知恵が育まれる。そして、山の中の厳しい暮らしには楽しみも欠かせない。すると穀物を醸した酒の文化が発達していく。ヒンドゥーやイスラムのように戒律によって社会的ポジションを与えられるのではなく、拡大家族の民族の絆で連帯する少数民族たちにとって、酒は連帯のために欠かせないものだったのだろう。

〈マトゥワリ、麹の民〉

ネパールのカーストには、「マトゥワリ」という階級の大カテゴリーが存在する（ネパールのヒンドゥーも階級と職能の2つで構成されるが、階級の名称や出自がインドとは違う）。このマトゥワリとはもとは「酒飲み」という意味である。インド本国から北上してきたアーリア系の人々が上位カーストで、マトゥワリは元々ネパールに住んでいた、あるいはヒマラヤやミャンマー方面からやってきたチベット・ビルマ系のルーツを指すようだ。彼らを「酒飲み」と呼ぶのが興味深い。ヒンドゥー秩序の上位層、すなわちアーリア人にとって飲酒は卑しいものだ。それに対して酒を飲む習慣を持っている遅れた先住民——そんな意識がネパールヒンドゥーの階級に刻まれている。僕がカトマンズ渓谷で出会ったボビンさんはじめ釈迦族が属するネワールという民族もマトゥワリに含まれる。

マトゥワリが伝統的に飲んでいた酒は、本書で見てきた「穀物の麹をベースに醸す酒」であるはずだ。チベットや雲南であれば白酒、ネパールであればチャーンやトゥンバ（キビのどぶろく)、マニプルでいえば米を使うワユゥやチャックナム(赤米のどぶろく)だ。民族によってディテールは違えど、麹をベースにした酒という点では共通だ。

この「麹の酒」は日本、韓国、中国はじめ東アジア特有の発酵文化である。その東端が極東インドやネパールである。「マトゥワリ」とは僕的に言い換えれば「東からやってきた麹民族」のことなのである。アーリア—ドラヴィダのカースト秩序とは違う、家族や氏族のコミュニティ原理で生きる民。彼らは雑食ヒンドゥーに「食べられたフリ」をして、したたかに自分たちのルーツを守っているのである。それはまるで、胃酸で溶かされることなく、腸内で活性化し、やがてウンチとともにまた外界に出ていくタフな発酵菌のようだ。ヒンドゥーという巨大な体内で生き延びる小さな微生物たち。しかしそれが寄り集まれば大きな力を発揮するし、彼らなくしては母体のヒンドゥーも健康のバランスを崩してしまうのだ。

〈アジアの発酵無政府地帯〉

旅に出る前は、先生たちが指し示した「糀」の起源だと思っていた雲南の地は、実はゴールではなかった。むしろスタートだと言えるだろう。漢民族の文化圏の東端の雲南のさらに東には、イスラムやインド世界とマトゥワリたちが混じり合う複雑発酵エリアが広大に拡がっている。これこそが、東アジアの豪族たちが活躍した茶馬古道の舞台であり、山間地のなかで育まれた保存食と祭りの酒のガラパゴス発酵が集うアジアの発酵無政府地帯だ。最後に訪れたマニプルは、シーサンパンナからヒマラヤ山脈へ登り、そしてベンガル湾へと半円形を描いて下っていく発酵無政府地帯のちょうどおへそに位置している。雲南からインドへとやってきたメイテイ族が、東と西の発酵文化のミッシングリンクを埋める重要な存在だったのだ。

旅の地図を振り返ってみると、茶と麹の発酵文化の分布が被っていることにも気づいた。中国は当然として、ネパール東部にはイラム、イラムに接するインド国境側にはダージリン、そしてマニプルの北にはアッサムという茶の大産地がある。湿潤な気候がカビを育てるのにちょうどよく、かつ茶を流通させる茶馬古道のルートに少数民族の集落が多いこともあるのだろう。茶の道はすなわち発酵の道である。

そんななかでも、コルカタ以東の内陸インドは、水田を中心に米と魚を食べ、湿潤なだけに食べ物が腐りやすい日本と近しい環境だ。そこで米や魚や豆を発酵させ、さらにメイテイのようなマトゥワリの民の系譜は麹をつくって酒を醸す。すると米を主食として納豆になれずしにどぶろく、あるいはお茶！ という僕たちのよく知るコンビネーションに北東インドでもお目にかかれることになるのだ。

温暖湿潤な気候に水田、そして先祖崇拝の信仰。この条件が重なることで、米でつくった麹で酒を醸し、正月に甘酒を振る舞う共通文化が、インドと日本で生まれることになった。発酵を生業にする日本人の僕もまた、麹の民マトゥワリの末裔なのである。

最後に後日談。

この原稿を書いている2023年9月の時点でもマニプルはいぜん戦乱のなかにあり、州内の状況は悪化している。元エンジニアのスキルでインターネット制限をハッキングしたアモさんとZoomをつないで話を聞いたところによると、マニプル州内では僕が脱出した以降に少なくとも数百人以上が殺され、クキの女性たちが白昼に路上で集団暴行されているような悲惨な状況であるらしい。当初は限定的だった紛争エリアも市街地山間地問わず全土に拡大。麹をつくりに訪れたアンドロのエリアでも暴動が発生し、マニプルはインドの中でもとりわけ閉ざされた地域になっている。僕がいた一週間は、偶然にも暴動が沈静化していた奇跡的なタイミングだったのだ。

「必ずまた、マニプルで会おう」

Zoomミーティングの終わり際、意気消沈するアモさんと再会の約束を誓い合った。またアンドロへ行って一緒に糀をつくりたいと強く願っている。

ネパールやマニプルで見つけた糀の話をラジオやSNSでしたら、知人からさらなる糀情報が送られてきた。マニプルのお隣のナガランドや台湾中部に住む少数民族アミ族も米で麹をつくっているようだ。どれも米にあわせて各自の伝統で薬草類をブレンドする点が共通する。日本のように一般市場に出回っているものはないようだが、アジアの各地に「糵《よねのもやし》＝糀」の末裔たちが散らばっているようである。いつか世界糀サミットを開催することを僕の次なる目標としたい。

本書の執筆にあたっては、中国民俗学を専門とする明治大学教授・川野明正氏、宗教学者の中央大学教授・保坂俊司氏に、事実確認のご協力をいただいた。また、中国とインドの現地情報は本書の登場人物の宮本さんとアモさんに様々なインタビューを行った。また、「オール讀物」での連載立ち上げ時には、文藝春秋の波多野文平さんに、連載中は川村由莉子さんにご尽力いただいた。初の海外ノンフィクションへの挑戦となった僕を懇切丁寧に導いてくれた書籍担当の山本浩貴さんには、驚異の粘り強さを垣間見せてもらった。

雲南の旅に同行したハシモトさんやリーさん、ネパールでお世話になったボビンさんはじめ釈迦族の皆さま、マニプルの旅のきっかけをつくってくれたロイさんと佐々木美佳監督、ノンフィクションの作法を教えてくれた高野秀行さん、マニプルでお世話になったメイテイの皆さま、そして旅で出会ったすべての醸造家に心からの感謝を送りたい。

発酵に乾杯！

２０２３年10月　　小倉ヒラク

参考文献一覧

〈書籍〉

池亀彩著『インド残酷物語』（集英社新書、２０２１年）
伊藤邦武他編『世界哲学史１』（ちくま新書、２０２０年）
大森正司著『お茶の科学』（講談社ブルーバックス、２０１７年）
辛島昇著『インド史』（角川ソフィア文庫、２０２１年）
川野明正著『雲南の歴史』（白帝社アジア史選書、２０１３年）
小林多加士著『海のアジア史』（藤原書店、１９９７年）
坂口謹一郎著『世界の酒』（岩波新書、１９５７年）
花井四郎著『黄土に生まれた酒』（東方書店、１９９２年）
保坂俊司著『インド宗教興亡史』（ちくま新書、２０２２年）
松下智『茶の原産地紀行』（淡交社、２００１年）
山際素男著『不可触民と現代インド』（光文社新書、２００３年）
李曙韻著『中国茶のこころ』（KADOKAWA、２０１８年）
呂毅他著『中国黒茶のすべて』（幸書房、２００４年）
B・R・アンベードカル著、山際素男訳『ブッダとそのダンマ』（光文社新書、２００４年）
D・キール著、山際素男訳『アンベードカルの生涯』（光文社新書、２００５年）
ジャン・デイヴィソン著、甲斐理恵子訳『ピクルスと漬け物の歴史』（原書房、２０１８年）

ロバート・K・G・テンプル著、牛山輝代監訳『図説　中国の科学と文明』（河出書房新社、１９９２年）
Jeff Fuchs, The Tea Horse Road（Penguin Group Canada, 2008）
Jyoti Prakash Tamang, Ethnic Fermented Foods and Beverages of India: Science History and Culture (Springer;2020)
Sougaijam Priyokumar Meitei, MC Arunkumar, The Guest and the Host: Problems of Migration in Manipur (Independently published, 2017)

〈論文〉

岡崎直人著「日本・中国・東南アジアの伝統的酒類と麹」『日本醸造協会誌』１０４巻12号（日本醸造協会、２００９年）
山本勇次、村中亮夫著「ネパール人のカースト序列認識の客観性と恣意性　ポカラ市住民のアンケート調査による考察」『立命館大学人文科学研究所紀要』（立命館大学人文科学研究所、２０１３年）
山口哲由著「チベット地域の乳加工　シャングリラ（香格里拉）県の事例を通して」『人文地理』56巻第３号（人文地理学会、２００４年）
Yang Jinyu,“Ancient Tea-Horse Road and Caravan Culture From the Perspective of the Caravan Courier Route from Gongshan of Nujiang to Chavalon of Tibet”(Atlantis Press, 2018)
Gary Sigley,“The Ancient Tea Horse Road and the Politics of Cultural Heritage in Southwest China: Regional Identity in the Context of a Rising China”, Cultural Heritage Politics in China (Springer, 2013)
Bs Farida,“Society of Manipur Through the Historical Paradigm”(SAS Journal, 2023)

小倉ヒラク（おぐら・ひらく）

1983年、東京都生まれ。発酵デザイナー。早稲田大学第一文学部で文化人類学を学び、在学中にフランスへ留学。東京農業大学で研究生として発酵学を学んだ後、山梨県甲州市に発酵ラボをつくる。「見えない発酵菌の働きを、デザインを通して見えるようにする」ことを目指し、全国の醸造家や研究者たちと発酵・微生物をテーマにしたプロジェクトを展開。絵本&アニメ『てまえみそのうた』でグッドデザイン賞2014受賞。2020年、発酵食品の専門店「発酵デパートメント」を東京・下北沢にオープン。著書に『発酵文化人類学』『日本発酵紀行』『オッス！食国《おすくに》 美味しいにっぽん』など。

写真　小倉ヒラク
装丁　セキネシンイチ

アジア発《はっ》酵《こう》紀《き》行《こう》

二〇二三年十一月十五日　第一刷発行

著者　小倉《おぐら》ヒラク
発行者　小田慶郎
発行所　株式会社文藝春秋
東京都千代田区紀尾井町三－二三
郵便番号　１０２－８００８
電話　（〇三）三二六五－一二一一（大代表）
DTP　エヴリ・シンク
印刷所
製本所　図書印刷

ISBN978-4-16-391777-1　Printed in Japan